5 języków miłości dla mężczyzn

5 języków MIŁOŚCI dla mężczyzn

GARY CHAPMAN

Z UDZIAŁEM RANDY'EGO SOUTHERNA

Narzędzia, dzięki którym
dobry związek stanie się wspaniały

tłumaczył
Jakub Czernik

Wydawnictwo Esprit

This book was first published in the United States by Northfield Publishing, 820 N. LaSalle Blvd., Chicago, IL 60610 with the title ***TThe 5 Love Languages for Men***, copyright © 2015 by **Gary Chapman**. Translated by permission.

NA OKŁADCE
Copyright © Dimitri Otis / Getty Images

ILUSTRACJE
Copyright © 2015 by Nathan Little (nathanlittleart.com)

REDAKCJA
Monika Pasek, Karolina Korbut, Paulina Bieniek

SKŁAD I ŁAMANIE
Małgorzata Chyc | www.bymouse.pl

ISBN 978-83-65349-32-3

DRUK I OPRAWA
Dziełodruk

Wydanie I, Kraków 2016

Wydawnictwo Esprit
ul. Przewóz 34/100, 30-716 Kraków
tel./fax 12 267 05 69, 12 264 37 09,
12 264 37 19, 12 262 35 51
e-mail: sprzedaz@esprit.com.pl
ksiegarnia@esprit.com.pl
Księgarnia internetowa: www.esprit.com.pl

Książkę dedykuję setkom mężczyzn,
którzy opowiedzieli mi o swoich próbach
stworzenia szczęśliwego małżeństwa.

Darmowy podręcznik internetowy w języku angielskim można znaleźć na stronie 5lovelanguages.com.

przedmowa

Co nowego w *Pięciu językach miłości dla mężczyzn*?

Zacznijmy od czegoś lekkiego: dodaliśmy wiele nowych zabawnych opowieści, które pozwolą ci dowiedzieć się czegoś o własnym małżeństwie, a także ilustracje autorstwa utalentowanego Nathana Little'a, które przedstawiają faktyczne problemy, jakimi zajmuje się doktor Chapman. Ta nowa, zaktualizowana wersja *Pięciu języków miłości dla mężczyzn* zawiera też omówienie dwóch nieopracowanych dotąd kwestii, którymi warto się zająć, jeśli chcemy płynnie posługiwać się językami miłości: radzenia sobie ze złością i formułowania przeprosin.

Nauczenie się nowego języka miłości nie jest łatwe. Często jedynym sposobem jest nauka metodą prób i błędów, co może być frustrujące. Jeśli dodamy do tego bezbronność wynikającą z wyjścia poza swoją strefę bezpieczeństwa, będziemy mieć do czynienia z sytuacją zapalną.

Jeśli nasze próby przemówienia w danym języku miłości okażą się niewystarczające lub nie wywrą żadnego wrażenia na naszym małżonku, mogą ponieść nas emocje. I nie ma w tym nic złego.

Złość nie jest grzechem – jest naturalną reakcją. Sęk w tym, co zrobimy z naszą złością. Jeśli nauczymy się nad nią pracować, nasz związek zmieni się w niewiarygodny sposób. Na tej samej zasadzie opanowanie sztuki przeprosin będzie znaczącym krokiem do długoletniej trwałości zdrowego małżeństwa (i innych relacji).

Dobre przeprosiny mogą położyć kres napięciom, konfliktom i urazom, które trwają od miesięcy, a nawet przez całe lata. Mogą zmienić to, co myśli o tobie twój małżonek, a także to, jak na ciebie patrzy. Mogą zburzyć mury szybciej niż jakiekolwiek inne słowa lub czyny.

Jeśli dodasz te dwa narzędzia do swojego warsztatu języków miłości, będziesz lepiej niż kiedykolwiek przygotowany, by zmienić życie swojej żony.

Randy Southern

rozdział 1

Iloma językami mówisz?

Czy słyszałeś o facecie, który w dziesiątą rocznicę ślubu zaskoczył swoją żonę, „zdeklarowanego nerda”, i urządził przyjęcie weselne dla geeków? Przez **osiemnaście miesięcy** przygotowywał imprezę pełną nawiązań do ulubionych zjawisk popkulturowych żony. Drużbowie mieli pod garniturami symbole superbohaterów. Każdy poziom tortu weselnego był poświęcony jednemu z ich ulubionych motywów lub seriali telewizyjnych (*Superman*, *Gwiezdne wojny*, *Firefly* i *Doktor Who*) i odpowiednio udekorowany. Obrączki niósł ich czteroletni syn w stroju Supermana. Ten człowiek zdołał utrzymać sprawę w tajemnicy przed żoną, choć wiedzieli o niej wszyscy znajomi i cała rodzina.

Był też inny gość, który w pierwszą rocznicę ślubu wydrukował ulotki z historią miłości do swojej dziewczyny i rozrzucił je po całym Nowym Jorku. Poprosił, by ludzie robili ulotkom zdjęcia i wrzucali je na Instagram albo Twitter z odpowiednim hasztagiem. W ciągu kilku godzin akcja zaczęła się rozprzestrzeniać. Dostali łącznie ponad tysiąc zdjęć, także od znanych ludzi (na przykład od dziennikarza Matta Lauera).

A może słyszałeś o człowieku, który w szóstą rocznicę ślubu przygotował dla swojej żony książkę? Przez cały rok spisywał 365 rzeczy, za które kocha swoją żonę, a potem połączył to w całość i dodał zdjęcia zrobione w ciągu lat spędzonych razem.

Takie historie zazwyczaj spotykają się z dwiema reakcjami innych mężów. Albo chylimy czoła przed tymi ludźmi i oddajemy im cześć za kreatywność (nie mówiąc już o kilku minutach sławy, które ich spotykają), albo przeklinamy ich za zawyżanie poziomu i stawianie wszystkich innych mężów w złym świetle. Ale uwaga: gdyby wszystkie te plany były ułożone bez uwzględnienia języków miłości żon, to wspomniani mężczyźni osiągnęliby sukces na miarę kupionej w sklepie kartki z wydrukowanymi życzeniami i chińszczyzny na wynos.

Nie chodzi o to, co mówisz, ale o język, jakiego używasz

Nie mam zamiaru obrażać kantońskiej kuchni (a pierożki *dim sum* to zawsze dobry pomysł) ani wyżywać się na mężczyznach, którzy chcą zaimponować swoim żonom. Chciałem natomiast podkreślić konieczność zrozumienia języków miłości. **Każdy ma swój podstawowy język miłości** - sposób wyrażania oddania i uczuć, który na niego działa, czasem wywołuje szeroki uśmiech na naszych twarzach i nie pozostawia nam żadnych wątpliwości, że ktoś prawdziwie i mocno nas kocha.

Jak już pewnie wydedukowałeś z tytułu tej książki, istnieje pięć podstawowych języków miłości:

1. Wyrażenia afirmatywne (rozdział 2).
2. Dobry czas (rozdział 3).
3. Podarunki (rozdział 4).
4. Drobne przysługi (rozdział 5).
5. Dotyk (rozdział 6).

Jeden z nich jest autostradą wiodącą do serca twojej żony. Co nie oznacza, że twoja małżonka nie zareaguje na inne języki, zwłaszcza jeśli dostrzeże, iż bardzo się starasz. Ostatecznie jednak pozostałe cztery języki miłości będą jej tak obce, jak większości osób anglojęzycznych obcy jest język kantoński. Jeśli natomiast będziesz okazywał swojej żonie miłość, używając jej **głównego** języka miłości, to będzie tak, jakbyś idealnie złożył się do uderzenia w baseballu albo golfie. Po prostu **czuje się**, że jest dobrze – a skutki są niezwykłe.

Strefa bez logiki

Logika sugerowałaby, że mężczyzn w naturalny sposób pociągają kobiety posługujące się tym samym ojczystym językiem miłości, że osoby ceniące dobrze spędzony czas łączą się z takimi samymi osobami, a ludzie potrzebujący dotyku szukają swoich odpowiedników. Logika kazałaby też założyć, że jeśli posługują się tym samym językiem, to zawsze i wszędzie będą potrafili łatwo i bez problemów okazywać swoją miłość. Amen!

Tylko od kiedy logika ma cokolwiek wspólnego z miłością?

Tak naprawdę ludzie rzadko wiążą się z osobami, które posługują się tym samym językiem miłości. W rzeczywistości mężczyźni reagujący najbardziej na wyrażenia afirmatywne zakochują się w kobietach, które najmocniej doświadczają drobnych przysług (albo dobrego czasu czy podarunków). A kobietom, które miłość odczuwają przede wszystkim przez podarunki, podobają się mężczyźni najbardziej ceniący dobry czas (albo dotyk lub drobne przysługi). I tak powstaje bariera językowa.

Na początku związku, kiedy ludzie są jeszcze w sobie zadurzeni, bariera językowa może pozostać niezauważona. Tak bardzo chcą sprawić sobie nawzajem przyjemność, że robią coś, co nie jest zgodne z ich charakterem, czyli mówią językiem miłości, którego nie rozumieją. Spędzają całe noce na rozmowach o swoich marzeniach i planach. Chodzą na długie spacery, trzymają się za ręce i obejmują. Wymieniają się drobnymi, ale znaczącymi podarunkami. Wszelkie obawy związane z różnicami między nimi zmiata tsunami uczuć i ekscytacji. Skutki? Małżeństwo, w którym małżonkowie posługują się różnymi ojczystymi językami miłości.

Nawet w tych rzadkich przypadkach, gdy para mówi tym samym językiem miłości, okazuje się, że w ramach każdego języka istnieje niezliczona liczba „dialektów". Nie ma dwóch osób, które mówiłyby tym samym językiem i tym samym dialektem. Nie ma dwóch osób, które wyrażałyby i odczuwałyby miłość dokładnie tak samo.

Jeśli wydaje ci się, że właśnie przedstawiliśmy plan na gwarantowaną katastrofę, pomyśl o tym: w szatni wszystkich najlepszych drużyn NHL, Major League Baseball czy angielskiej Premier League można usłyszeć przynajmniej trzy (a prawdopodobnie jeszcze więcej) różne języki. Zawodnikom tych drużyn **udaje się** znaleźć sposób komunikacji. Ludzie, którym zależy na osiągnięciu doskonałości i sukcesu, nie pozwolą, by na drodze stanęła im bariera językowa.

Gdy kończy się miesiąc miodowy

Istnieją jednak pewne trudności. Gdy dany związek przestaje być czymś nowym i po zakończeniu miesiąca miodowego namiętność słabnie, dwujęzyczna para popada w rutynę, wraca do starych nawyków.

Mąż posługujący się językiem drobnych przysług chce okazywać swojej żonie miłość w swoim „języku ojczystym": naprawia i czyści jej samochód, zmienia uszczelki w cieknącym kranie, maluje sypialnię i wybiera nowe dodatki na wzór tych z pokoju, który spodobał się jej w telewizji. Jego żona mówi językiem dobrego czasu i choć docenia wszystko, co robi dla niej mąż, to pragnie też długich rozmów, jakie prowadzili w trakcie randek – potrzebuje skupienia, czasu i uwagi, bo tym karmi się jej dusza. Chciałaby, żeby mąż przemówił do niej w jej ojczystym języku miłości. Tymczasem jej „zbiornik na miłość" - rezerwuar odczuć uwielbienia, docenienia, bycia dobrze znaną - zaczyna się opróżniać.

Co stanie się potem, zależy wyłącznie od konkretnej pary. Niektórzy będą winić naturalny bieg miłości i namiętności i zadowolą się tym, co zostało. Inni zrzucą winę na zapracowanie i troski dnia codziennego. Jeszcze inni pozwolą, by ich frustracje i niezaspokojone potrzeby stały się punktem zapalnym konfliktów i przyczyną oskarżeń. Niektórzy mogą cierpieć w milczeniu - wtedy każde z partnerów myśli, że coś z nim jest nie tak. Będą też i tacy, którzy przekonają siebie, iż błędem było już samo małżeństwo. Nie wiadomo, co może się stać, gdy zbiornik na miłość danej osoby opustoszeje.

Jeśli pojawia się wyzwanie, pojawiają się możliwości

Ktoś powiedział kiedyś, że szaleństwem jest powtarzanie tych samych kroków i oczekiwanie odmiennych rezultatów. Jeśli to prawda, podejście wielu małżonków próbujących przełamać barierę językową jest czystym szaleń-

Krótka pamięć. Nie wszystkie twoje próby skończą się powodzeniem. Tak naprawdę nauka może iść ci ciężko. Pamiętaj, że wczorajsze porażki to przeszłość, dzisiaj jest nowy dzień.

Kreatywność. Żaden pomysł nie jest zbyt niekonwencjonalny czy dziwny, jeśli dzięki niemu twoja żona czuje się kochana. Mocno zachęcamy do myślenia poza schematami.

Słuchanie dobrych rad. Korzystaj z okazji, by poradzić się ludzi, których związki podziwiasz. Tych, których traktujesz jak wzory do naśladowania, poproś o zdradzenie ci swych tajemnic. Sprawdź, czy któreś z nich zadziałają w przypadku twoim i twojej żony.

Wizja. Kluczowa w wykształcaniu dwujęzyczności jest umiejętność dostrzegania nowych możliwości okazywania miłości żonie i oceny, czy stare strategie wciąż działają.

Wytrzymałość. Opanowywanie nowego języka miłości to maraton, nie sprint. W trakcie możesz czuć się zmęczony, zniechęcony, sfrustrowany. Nie poddawaj się. A jeśli uznasz, że opanowałeś już dany język – nie poprzestawaj. Ucz się dalej. Próbuj nowych rzeczy. Szukaj nowych sposobów, by sprawić, że twoja żona odczuje twoją miłość.

Modlitwa. Może nie jesteś zbyt religijny, ale w naprawianiu stosunków z własną żoną przyda się każda pomoc. Nie bój się poprosić Boga o mądrość i umiejętność skutecznego zaspokajania potrzeby miłości twojej żony.

Mocno stąpaj po ziemi. Nic nie jest ważniejsze od relacji z twoją żoną. Ochrona i doskonalenie tej relacji to zadanie numer jeden. Zachowuj taką postawę, a ukierunkujesz się na ostateczny sukces.

stwem. Zwiększają wysiłki wyrażone w ich własnym języku miłości i próbują przemówić do swojego małżonka w jedyny znany sobie sposób. Innymi słowy, pracują ciężej, ale nie mądrzej. Na barki małżonka składają ciężar tłumaczenia podejmowanych działań na język, który ich partner może zrozumieć.

Dobre zamiary nie rozwiążą problemu.

Nie liczy się to, że masz dobre intencje, że starasz się tak bardzo, jak to możliwe, że inne kobiety byłyby szczęśliwe, gdyby miały takiego męża jak ty. Nie będziesz w stanie napełnić zbiornika miłości swojej żony, jeśli nie przemówisz w jej ojczystym języku miłości.

Jedynym sposobem na zbudowanie

- trwałego,
- ekscytującego,
- nieprzewidywalnego,
- zachwycającego,
- zmieniającego wasze życie

związku z twoją żoną jest opanowanie jej ojczystego języka miłości – pogodzenie się z trudami dwujęzyczności. Dobra informacja jest taka, że w tym przypadku proces nie jest nawet w połowie tak skomplikowany jak nauka zwykłego języka. Nie musisz martwić się o koniugację czasowników czy użycie odpowiednich czasów.

Wyzwanie płynnego opanowania nowego języka miłości można porównać raczej do doskonalenia uderzenia w golfie. Jeśli kiedykolwiek uczyłeś się od profesjonalistów, wiesz, że pierwszy krok polega na wyzbyciu się złych nawyków rozwijanych przez lata. W wielu przypadkach oznacza to konieczność nauki od początku. Proces ten najpierw wydaje się niezręczny – po prostu nic nie wydaje się dobre, wszystko jest nienaturalne. Jednak z czasem to zaczyna się zmieniać. Dzięki odpowiedniej liczbie powtórzeń zaczynasz dostrzegać pozytywne rezultaty. Podobnie jest z nauką nowego języka miłości. Jeśli posługujesz się językiem drobnych przysług, to zapewne nie będziesz czuł się komfortowo, spędzając z żoną dobry czas, w każdym razie nie na początku. Swoje pierwsze wysiłki najpewniej odczujesz jako nienaturalne i wymuszone.

Jeśli jednak utrzymasz odpowiednie nastawienie (i skorzystasz z rad oraz strategii opisanych na dalszych stronach), **opanujesz** drugi język miłości. **Uda ci się** napełnić zbiornik miłości twojej żony i sprawić, by jego stan się nie zmieniał. **Uda ci się** sprawić, że będzie się czuła wyjątkowo, niezwykle kochana. **Doświadczysz**, jak to jest być najlepszym – nie tylko jako kochający mąż swojej żony, ale też jako przykład dla dzieci, dla innych młodych ludzi, którzy takich zachowań nie doświadczają we własnych rodzinach. Dla innych mężów, którzy szukają rozwiązania swoich problemów.

Dwujęzyczność w językach miłości zmienia życie innych ludzi.

WYRAŻENIA AFIRMATYWNE

rozdział 2

Jak płynnie mówić językiem wyrażeń afirmatywnych?

JĘZYK MIŁOŚCI # 1

Król Salomon, autor starożytnych hebrajskich ksiąg biblijnych, napisał: „Słowa mają władzę nad życiem i śmiercią". Możemy uznać, że Salomon nieco przesadził, układając tę sentencję, ale jeśli kiedykolwiek twój szef wystawił ci szczególnie dobrą opinię, to wiesz, że słowa potrafią dodać nam energii. A jeśli kiedykolwiek trener rozprawiał się z tobą przy ławce rezerwowych, wiesz, jak umiera się po tysiąckroć na oczach wszystkich kibiców. Słowa mają wielką siłę rażenia.

Jeśli dzięki filmom można się czegokolwiek nauczyć, to właśnie tego, że właściwe słowa wypowiedziane we właściwym czasie przez odpowiednią osobę mogą zainspirować ludzi do czynienia rzeczy nieprawdopodobnych, niezwykłych, a czasem wręcz niemożliwych. Przypomnij sobie, jak w filmie *Rocky II* leżąca na szpitalnym łóżku

Adrian mówi: „Chcę, żebyś zrobił dla mnie tylko jedno – wygraj. Wygraj". Przypomnij sobie film *Rudy*, w którym dzięki werbalnym ciosom ze strony trenera („Jesteś niski, kiepsko zbudowany, nie jesteś zbyt zdolny. A jednak od dwóch lat należysz do najlepszej drużyny uniwersyteckiej w kraju! W tym życiu nie musisz nic udowadniać nikomu – z wyjątkiem samego siebie!") Rudy porzuca myśl o opuszczeniu zespołu. Przypomnij sobie *Mistrzowski rzut*, w którym krótka mowa motywacyjna trenera Dale'a („Zapomnijcie o kibicach, o wielkości tej szkoły, o ich ładnych strojach i pamiętajcie, dzięki czemu udało wam się tutaj dotrzeć. Jeśli włożycie wysiłek i skoncentrujecie się na graniu zgodnie ze swoim potencjałem, graniu jak najlepszym, to nie interesuje mnie wynik meczu. Dla mnie będziecie zwycięzcami!") przygotowuje grunt pod największą zmianę w historii koszykówki w stanie Indiana.

Właśnie ten potencjał czynienia dobra – moc słów potrafiących inspirować, dawać odwagę, podbudowywać – sprawia, że wyrażenia afirmatywne są tak ważnym narzędziem w naprawie małżeństwa.

Szepnij dobre słówko

Mark Twain powiedział kiedyś: „Dobry komplement wystarczy mi na dwa miesiące". Trafne słowa – jakby wiedział sporo o wyrażeniach afirmatywnych. Jego wyznanie wyraża istotę tego języka miłości. Dla osoby, dla której podstawowy sposób odczuwania miłości stanowią wyrażenia afirmatywne, komplementy i słowa wsparcia nie są tylko miłymi gestami czy uprzejmymi zwrotami w rozmowie. Są jak pożywienie. Takie osoby nie słyszą jedynie: „Dobra robota!", „Świetnie wyglądasz w tej sukience!", „Tak trzymać!". Słyszą też: „Jesteś bardzo ważna", „Kocham cię", „Masz dla mnie duże znaczenie".

Prawdziwa moc słów polega na tym, że mogą wypełnić czyjś zbiornik na miłość. Jeśli ojczystym językiem miłości twojej żony są wyrażenia afirmatywne, masz tę moc w zasięgu ręki (a raczej na końcu języka). To, jak się czujesz, dzierżąc taką władzę, zależy od tego, jaki jest twój ojczysty język miłości. Jeśli jesteś typem silnego milczka, faceta, który wyżej od słów ceni czyny, nauczenie się komunikacji za pomocą wyrażeń afirmatywnych może się okazać nie lada wyzwaniem. Gdybyś jednak miał w zwyczaju uciekanie przed wyzwaniami (zwłaszcza związanymi z miłością twojego życia), pewnie w ogóle nie czytałbyś teraz tej książki.

Można nauczyć się płynnego posługiwania się tym językiem. Oto kilka dobrych rad na początek.

Pochlebstwo do niczego nie prowadzi

Najważniejsze, że pochlebstwo **nie jest** dialektem języka wyrażeń afirmatywnych. Dla niewyszkolonego ucha te dwie rzeczy mogą brzmieć podobnie, ale jest między nimi kilka wyraźnych i ważnych różnic. Im szybciej nauczysz się je rozpoznawać, tym mniej nowicjuszowskich błędów popełnisz, opanowując język wyrażeń afirmatywnych.

Pochlebstwo to język manipulacji, za którym zawsze kryją się jakieś zamiary. Jego głównym celem jest uzyskanie czegoś od osoby, której się przypochlebiamy, albo przedstawienie samego siebie w korzystnym świetle. Pochlebstwo to narzędzie wykorzystywane w modnych klubach („Cześć, maleńka, fajnie wyglądasz. Zatańczymy?") i przez lizusów („Wyjątkowo dobrze pan dzisiaj wygląda. Czyżby pan ćwiczył na siłowni?"). Im częściej twoja żona słyszała w swoim życiu pochlebstwa, tym lepiej potrafi je rozpoznawać i ignorować. W pochlebstwie brakuje kluczowego składnika właściwej afirmacji – szczerości. Jeśli twoje słowa mają coś zmienić w życiu twojej żony, musisz wierzyć w to, co mówisz.

W przeciwieństwie do płytkiego pochlebstwa wyrażenia afirmatywne mają swoją głębię. Wyrastają z dogłębnej znajomości osoby, którą się chwali – w tym przypadku twojej żony. W przeciwieństwie do pochlebstwa wyrażenia afirmatywne nie wzbudzają podejrzeń i nie alarmują innych ludzi. Wyrażenia afirmatywne nie spotkają się z postawą obronną czy lekceważeniem i przewracaniem oczami.

Wyrażenia afirmatywne ≠ pochlebstwo.

Żarty na bok

Faceci, którzy mają szczególne problemy z wyrażeniami afirmatywnymi, mogą próbować posługiwać się żartami dla złagodzenia napięcia. Oprzyj się tej pokusie. To, co łagodzi twój dyskomfort, może być źródłem niezamierzonego bólu u osoby, którą chcesz pochwalić. Problem polega na tym, że wiele osób, które są szczególnie podatne na wyrażenia afirmatywne, to ludzie wyjątkowo mało odporni na zranienie za pomocą wypowiedzi sarkastycznych, obraźliwych, niewyraźnych pochwał. Oto kilka przykładów:

- „To nie był najgorszy posiłek, jaki w życiu zjadłem”.

- „Brawo przynajmniej za to, że się starałaś".
- „Nieźle jak na trzydziestopięciolatkę".

Takie bezmyślne dwuznaczne komplementy mogą wyrządzić więcej szkody, niż sobie wyobrażasz, i sprawić większy ból, niż twoja żona da po sobie poznać. „Ja tylko żartowałem" to raczej kiepska obrona, jeśli się rzuciło piach w oczy komuś, kto pragnie słów uznania.

Zmysły na pełnych obrotach

Wyrażanie miłości za pomocą wyrażeń afirmatywnych to coś więcej niż tylko praca ust - liczą się też oczy, uszy, pamięć, wyobraźnia i wiele więcej. Jeśli chcesz płynnie posługiwać się tym językiem, musisz dobrze wiedzieć, co robi twoja żona, i to doceniać. A jeśli masz ją doceniać, musisz ją uważnie obserwować. Nie wzbudzając podejrzeń, uważaj na to, co robi, co mówi, jak komunikuje się z innymi ludźmi, jak zajmuje się niewdzięcznymi zadaniami, jak zmienia życie twoje i innych ludzi na lepsze. Listę swoich obserwacji przechowuj w telefonie lub tablecie. Spróbuj dodawać drobne sprawy i poważne kwestie każdego dnia. Na twojej liście mogłyby się znaleźć następujące spostrzeżenia:

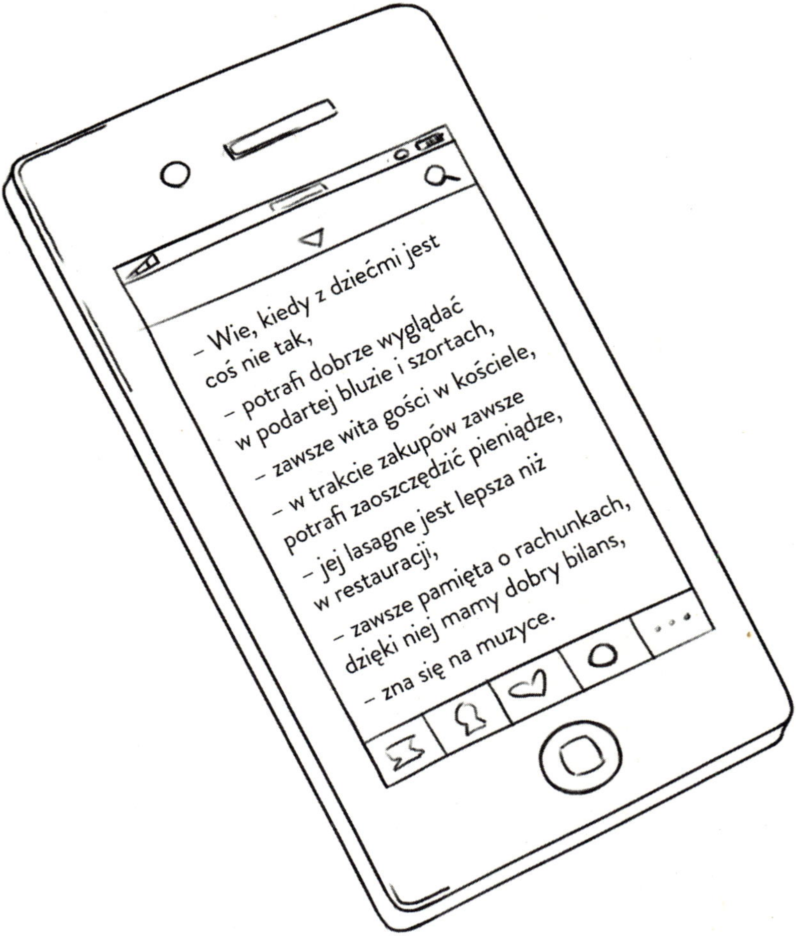
– Wie, kiedy z dziećmi jest
coś nie tak,
– potrafi dobrze wyglądać
w podartej bluzie i szortach,
– zawsze wita gości w kościele,
– w trakcie zakupów zawsze
potrafi zaoszczędzić pieniądze,
– jej lasagne jest lepsza niż
w restauracji,
– zawsze pamięta o rachunkach,
dzięki niej mamy dobry bilans,
– zna się na muzyce.

Gdy powiesz swojej żonie komplement albo kilka dobrych słów związanych z jakimś stwierdzeniem na liście - usuń je z niej. W ten sposób zadbasz o stałe dostawy świeżych komplementów.

Poczta pantoflowa

Co jest lepsze: gdy ktoś przybije ci piątkę po meczu i przyzna: „Dobra robota", a może gdy wejdziesz do siłowni, a tam ktoś wskaże cię i powie: „Słyszałem, że ten gość jest naprawdę niezły"? W obu wypadkach usłyszałeś komplement, ale ta druga wypowiedź świadczy też o pewnej sławie i reputacji, co jeszcze dodaje komplementowi siły.

Dowiadujesz się, że ludzie dobrze o tobie mówią - i od razu poprawia ci się humor. Pamiętaj o tym i spróbuj przekazywać żonie komplementy pocztą pantoflową. Mów o niej dobrze przy innych ludziach, gdy nie ma jej w pobliżu. Nagłaśniaj jej umiejętności i osiągnięcia. Pomóż innym zrozumieć, jaka jest niesamowita. Jednak wszystko w granicach zdrowego rozsądku - uważaj, żebyś nie stał się facetem, którego ludzie unikają, bo nie chcą już słuchać o tym, jak idealna jest jego żona.

Nie będziesz w stanie kontrolować tego, które komplementy wrócą do twojej żony. Ale możesz swoje pochwały wypowiadać przy ludziach, którzy najszybciej się wygadają: przy dzieciach, innych członkach rodziny, waszych wspólnych znajomych, jej przyjaciołach z pracy i innych ludziach, z którymi spędza dużo czasu.

Nie ukrywaj swojego podziwu, uznania dla żony i zachwytu nad nią przed ludźmi, których znasz.

Podobnie reaguje twoja żona – publiczne pochwały mogą wypełnić jej zbiornik na miłość. Szukaj okazji, by skomplementować ją w towarzystwie waszych przyjaciół lub znajomych. W trakcie obiadu z kolegami z pracy możesz na przykład powiedzieć: „To tiramisu było całkiem niezłe, ale gdybym miał wybrać jeden jedyny deser na świecie, wybrałbym ciasto z brzoskwiniami mojej żony".

LEKCJA, KTÓREJ NIGDY NIE ZAPOMNĄ

Chcesz być przykładem dla swoich dzieci? Powiedz im, jak wspaniała jest ich matka. Mów o konkretach szczerze, nie szczędź pochwał. Musi wiedzieć, jak jesteś szczęśliwy, że zostałeś jej mężem. Jeśli zrobisz to umiejętnie, zainspirujesz swoich synów do podobnej afirmacji własnych żon, gdy już się ożenią, i zainspirujesz córki do tego, by szukały kandydatów na mężów, którzy tak właśnie będą je traktować.

Tam, gdzie często padają dobre słowa

Najlepsze okazje w życiu często wiążą się z ryzykiem, z dużym prawdopodobieństwem odrzucenia, zakłopotania lub porażki. Trzeba mieć w sobie sporo odwagi, by rzucić kości i zmierzyć się z konsekwencjami tego rzutu. Ludzie, którzy chcą wykorzystywać takie okazje, zazwyczaj nie mogą się skarżyć na brak „zniechęcaczy" – osób roztaczających negatywne wizje i udowadniających, że czegoś nie da się zrobić albo lepiej nie próbować. Ci stróże niechęci i ponuractwa mogą być bardzo skuteczni, zwłaszcza jeśli nie ma kogoś, kto mógłby się im przeciwstawić.

Bądź mężem, który dodaje otuchy. W twojej żonie najpewniej drzemie niewykorzystany potencjał w kilku dziedzinach. Ten potencjał może potrzebować zachęty z twojej strony. Może twoja żona chciałaby zapisać się na jakiś kurs, by ten potencjał w sobie rozwijać; może musi poznać ludzi, którzy w danej dziedzinie odnieśli sukces i są w stanie wskazać jej, jakie kolejne kroki powinna poczynić. Twoje słowa mogą dać twojej żonie odwagę, by zrobiła ten pierwszy krok.

Bądźmy szczerzy: absolutnie nie chodzi o to, byś namawiał swoją żonę do czegoś, na czym to **tobie** zależy. Chodzi o zachęcenie jej do rozwoju jej własnych zainteresowań. Kierujący się dobrymi intencjami mąż może próbować skłaniać żonę, by znalazła sobie lepiej płatną pracę. Może mu się wydawać, że dodaje jej otuchy, ale jeśli żona sama nie chce tego zrobić, słowa męża będzie odbierać raczej jako potępienie. Jeśli natomiast żona sama jest zmotywowana do zmiany stanowiska, słowa męża mogą dodać jej animuszu. Jeśli tak nie jest, jego słowa wywołają poczucie winy i zostaną potraktowane jako potępienie. Staną się wyrazem odrzucenia, nie miłości.

Jeśli żona powie: „Wiesz, myślałam o tym, żeby założyć firmę kateringową", to mąż ma okazję zachęcić ją do tego planu („Jeśli się na to zdecydujesz, jestem przekonany, że ci się uda. Właśnie to w tobie kocham - kiedy się na coś zdecydujesz, robisz to. Jeśli właśnie tego chcesz, zrobię wszystko, żeby ci pomóc"). Takie słowa mogą ośmielić żonę do przygotowania listy potencjalnych klientów.

Dodawanie odwagi wymaga empatii - spojrzenia na świat z perspektywy własnej żony. Musisz się najpierw dowiedzieć, co jest dla niej ważne. Tylko wtedy możesz ją wspomagać. Za pomocą dobrze dobranych słów próbujesz jej przekazać, że troszczysz się o nią, że trwasz przy niej, że pragniesz jej pomóc. Pokazujesz, że wierzysz w nią i w jej umiejętności. Okazujesz jej uznanie i wyrażasz pochwałę.

Większość z nas ma w sobie potencjał o wiele większy niż to, co udaje nam się zrealizować. Często ogranicza nas brak odwagi. Kochający małżonek może stać się tym kluczowym katalizatorem zmiany.

Jak mówisz to, co mówisz

Do nabycia sprawności w posługiwaniu się językiem wyrażeń afirmatywnych potrzeba czegoś więcej niż tylko opanowania sztuki prawienia komplementów i dodawania odwagi. Potrzebna jest też umiejętność komunikowania się takim tonem i z taką postawą, które niewątpliwie są pełne miłości. Jak to wygląda w praktyce? Cóż, zacznijmy od tego...

„Miłość łaskawa jest", miłość jest życzliwa. Nie są to słowa z jakiejś ckliwej kartki z życzeniami. Życzliwość to ważny element zdrowego związku. **Życzliwe zwracanie się do żony oznacza też, że słowa i ton, jakim je wypowiadamy, są ze sobą zgrane.** Wydaje się to proste, ale dla wielu mężczyzn jest to bardzo trudne. Już od najmłodszych lat uczymy się, jak używać słów jako broni. Bardzo łatwo przychodzi nam sarkazm. Okazujemy życzliwość (czasem niezupełnie jest to życzliwość) za pomocą kpin. Kiedy zaczynamy rozgrywkę golfa, a nasz przyjaciel lub rywal mocno przestrzelił swoje zagranie, trudno oprzeć się pokusie i nie powiedzieć: „Zagrałeś jak Tiger Woods".

Jak już wspominaliśmy, to, co jednym ludziom może się wydawać dobrodusznym żartem, może zrobić zupełnie odmienne wrażenie na kimś, kto miłość odczuwa przede wszystkim za pomocą szczerej, płynącej z głębi serca komunikacji. Dla takiej osoby nasze żarty na pewno nie będą niczym miłym.

Utrzymanie odpowiedniego tonu i nastawienia jest szczególnie ważne wtedy, gdy jesteś zdenerwowany lub zły. Burknięcie: „Po prostu marzę o umyciu naczyń", tonem ociekającym sarkazmem **nie** zostanie odebrane jako wyrażanie miłości, choćby garnki dzięki tobie stały się czystsze niż dotychczas. Słowami wyrażającymi miłość mogą być natomiast takie dobitne słowa jak: „Poczułem się zawiedziony i dotknięty, że nie zaoferowałaś dziś swojej pomocy", o ile będą wypowiedziane w sposób szczery i uprzejmy. Twój ton i postawa komunikują twojej żonie, że chcesz, by ona dobrze cię rozumiała. Próbujesz zbudować między wami bliskość, dzieląc się swoimi odczuciami. Szukasz możliwości omówienia poczucia krzywdy, by móc się go pozbyć. Te same słowa wypowiedziane głośno i oschle nie będą odebrane jako przejaw miłości, ale wyraz potępienia i osądu.

Im trudniejsza jest sytuacja, tym lepszy efekt może przynieść życzliwość. Jeśli twoja żona jest rozzłoszczona i rzuca prowokacyjne słowa, spróbuj odpowiedzieć spokojnym tonem. Przyjmij wszystko, co ona ma do powiedzenia na temat swoich emocji i uczuć. Daj jej opowiedzieć o swoim poczuciu krzywdy, złości, przedstawić własną wersję wydarzeń. Spróbuj postawić się na jej miejscu i spojrzeć na daną sytuację jej oczami. Spokojnie i z życzliwością okaż zrozumienie dla jej emocji. Jeśli wyrządziłeś jej krzywdę, bądź gotów wyznać winy i prosić o wybaczenie. Jeśli twoje motywacje są inne niż to, co przypisuje ci żona, spokojnie wyjaśnij swój punkt widzenia. **Twoim celem powinno być dążenie do porozumienia i pogodzenia się, nie zaś udowodnienie swej wyższości i racji.**

Gdy próbujemy opanować dialekt życzliwości języka wyrażeń afirmatywnych, w grę wchodzi jeszcze jedna zasada. W skrócie: miłość nie prowadzi rachunku krzywd, nie wypomina dawnych uraz.

W małżeństwie nie zawsze robimy to, co dobre (lub najlepsze). Czasem mówimy współmałżonkom rzeczy, które są krzywdzące. Nie można wymazać przeszłości, można jedynie ją zaakceptować, uznać, że była zła. Możemy poprosić o wybaczenie i w przyszłości spróbować zachowywać się inaczej. Kiedy już przeproszę i poproszę o wybaczenie, mogę zapytać, czy jest jeszcze coś, co mogłoby złagodzić ból, jaki sprawiłem mojej żonie. Jeśli to ja zostałem skrzywdzony przez żonę, a ona przeprosiła mnie i poprosiła o wybaczenie, mogę odwołać się do sprawiedliwości albo do przebaczenia. Jeśli wybiorę sprawiedliwość i będę chciał jej odpłacić albo będę dążył, by zapłaciła za wyrządzone zło, wchodzę w rolę sędziego, a żonę zaczynam traktować jak przestępcę. Przekreślam szansę na bliskość. Jeśli wybiorę przebaczenie, można przywrócić poczucie bliskości. Przebaczenie to prawdziwa miłość.

Uwaga, niespodzianka: nikt nie jest doskonały!

Zadziwia mnie, jak wiele osób psuje sobie każdy nowy dzień dniem wczorajszym. Koniecznie muszą dziś przywoływać wczorajsze porażki, a w ten sposób marnują dzień, który mógł być piękny. „Nie wierzę, że to zrobiłaś. Chyba nigdy ci tego nie wybaczę. Nie masz pojęcia, jak mocno mnie zraniłaś. Nie rozumiem, jak możesz być taka z siebie zadowolona, skoro tak mnie potraktowałaś. Powinnaś błagać mnie na kolanach o przebaczenie. Nie wiem, czy kiedykolwiek ci to wybaczę". To nie są słowa miłości, lecz goryczy, urazy i zemsty. Najlepsze, co można zrobić z porażkami, to zamknąć je w przeszłości. Tak, coś miało miejsce, z pewnością wywołało ból, który może wciąż trwa, ale przecież żona przyznała się do błędu i poprosiła cię o wybaczenie. Nie można wymazać przeszłości, ale można uznać, że przeszła do historii. Możemy postanowić, iż od dziś żyjemy wolni od wczorajszych niepowodzeń.

Przebaczenie nie jest uczuciem, jest zobowiązaniem. Jest wyborem okazania miłosierdzia, odpuszczenia winowajcom ich win. Przebaczenie jest wyrazem miłości. „Kocham cię, zależy mi na tobie, dlatego postanawiam ci przebaczyć. Choć może uraza nie ustąpi od razu, nie pozwolę, by oddzieliła nas od siebie. Mam nadzieję, że z tego doświadczenia będziemy czerpać mądrość na przyszłość. Nie jesteś nieudacznicą, bo popełniłaś błąd. Jesteś moją żoną i odtąd będziemy iść razem". Oto właściwe słowa afirmacji wyrażone w dialekcie życzliwości.

Pokora jest dobra na wszystko

Ostatnim dialektem języka wyrażeń afirmatywnych, jaki omówimy w tym rozdziale, jest pokora. Miłość prosi, nie żąda. Jeśli żądam czegoś od swojej żony, wchodzę w rolę rodzica, a jej narzucam rolę dziecka. Tymczasem w małżeństwie jesteśmy równymi, dorosłymi partnerami. Z pewnością nie jesteśmy idealni, ale jesteśmy dorośli i jesteśmy partnerami. Jeśli ma się między nami zawiązać relacja bliskości, każde z nas musi znać pragnienia drugiej osoby. Jeśli mamy kogoś kochać, musimy wiedzieć, czego chce ta druga osoba.

Bardzo ważne jest jednak to, jak wyrażamy nasze pragnienia. Jeśli stają się żądaniami, przekreślamy potencjalną bliskość i odtrącamy żonę od siebie. Jeśli jednak nasze pragnienia i potrzeby sygnalizujemy poprzez prośby, dajemy wskazówki, nie stawiamy ultimatum. Mąż, który mówi: „Czy mogłabyś któregoś wieczoru zrobić nam taki dobry makaron?", daje swojej żonie wskazówki co do tego, jak może okazać mu miłość, czyli jak budować wzajemną bliskość. Natomiast mąż mówiący: „Kiedy wreszcie ugotujesz coś dobrego?", zachowuje się jak nastolatek i stawia żądania. Jego żona najpewniej odpowie: „Jak nie smakuje ci moje jedzenie, sam możesz coś ugotować!".

Gdy o coś prosisz swoją żonę, potwierdzasz jej wartość i umiejętności. Wskazujesz, że ma coś, co dla ciebie ma znaczenie i jest cenne, lub może zrobić coś takiego. Kiedy stawiasz żądania, przestajesz być kochającą osobą, a stajesz się tyranem. W takim wypadku twoja żona nie czuje się doceniona - czuje natomiast, że ktoś jej ubliżył.

Prośba pozostawia drugiej stronie możliwość wyboru. Żona może wybrać, czy zareaguje na twoją prośbę pozytywnie, czy odmówi, gdyż miłość zawsze wiąże się z wyborem. Właśnie dlatego jest tak istotna. Jeśli żona kocha mnie na tyle, że spełnia jakąś moją prośbę, odbieram to jako emocjonalny komunikat mówiący, iż zależy jej na mnie, szanuje mnie, podziwia i chce zrobić coś, co mnie

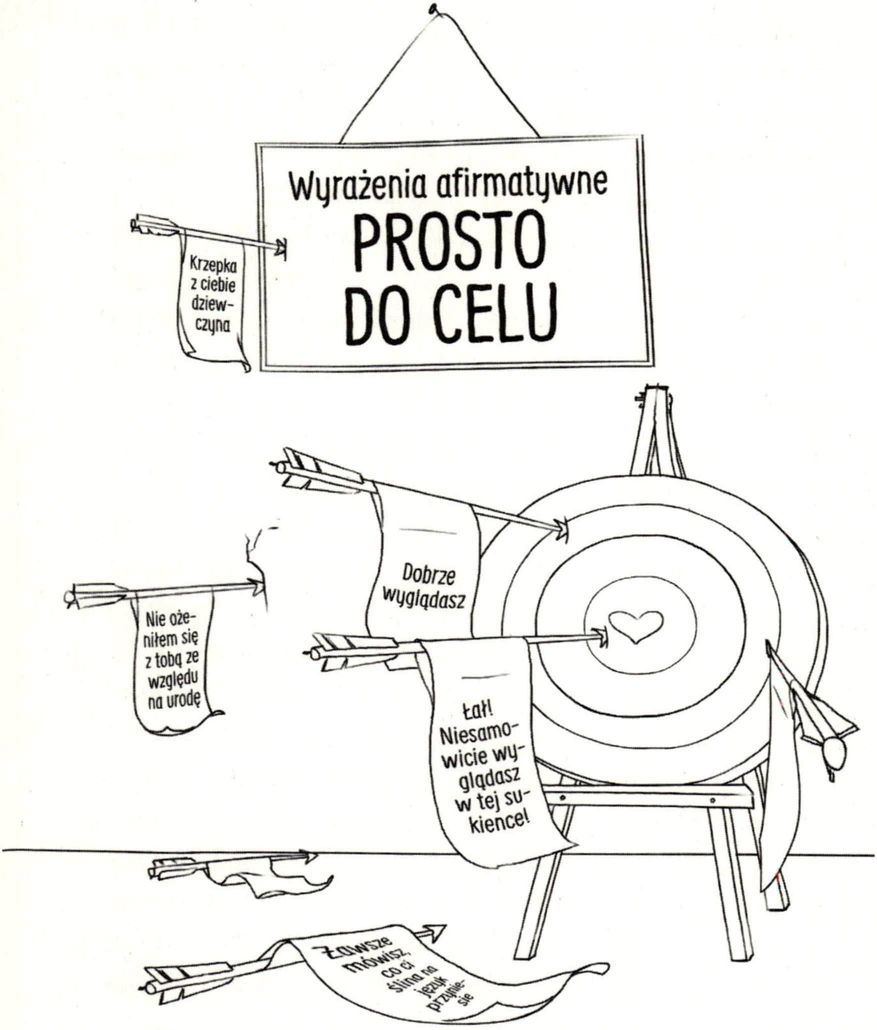

Wyrażenia afirmatywne
PROSTO DO CELU
Krzepka z ciebie dziew-czyna
Dobrze wyglądasz
Nie ożeniłem się z tobą ze względu na urodę
Łał! Niesamowicie wyglądasz w tej sukience!
Zawsze mówisz, co ci ślina na jezyk przynie-sie

zadowoli. Do miłości nie dojdziemy przez żądania. Żona może nawet je spełnić, ale nie będzie to oznaka miłości z jej strony. Jej postępowanie będzie raczej wynikało ze strachu, poczucia winy czy innych emocji, nie z miłości. Prośba daje możliwość wyrażania swojej miłości; żądanie dusi w zarodku taką możliwość.

Im bardziej włączysz podstawowe wyrażenia afirmatywne do codziennych interakcji z żoną, tym płynniej będziesz władał tym językiem i zobaczysz pozytywne zmiany w waszym związku.

WYRAŻENIA AFIRMATYWNE – PRZYKŁADY

Jeśli wykażesz się wytrwałością i zaangażowaniem, możesz szybko nauczyć się języka wyrażeń afirmatywnych. Po drodze może być ci potrzebna pomoc – pomysły do wykorzystania, kiedy sam nie jesteś w stanie nic wymyślić. Oto kilka sugestii właśnie na takie okazje.

+ Nie mów tylko: „Dobrze wyglądasz". Powiedz: „Ładnie ci w tym kolorze" albo „Podoba mi się twoja fryzura". Każdego dnia w tygodniu skomplementuj inną cechę wyglądu twojej żony.

+ Regularnie mów o czymś szczególnym, co zaobserwowałeś, a co wiąże się z tym, kim ona jest. Przykłady: „Miałem ci powiedzieć, że naprawdę podobało mi się to, jak rozmawiałaś z tą starszą panią po nabożeństwie" albo „Lubię z tobą spacerować, zawsze pokazujesz mi coś interesującego".

+ Rozpoczynaj rozmowy, by zachęcić ją do zdradzenia swoich marzeń i pragnień. Zacznij kampanię wyrażeń afirmatywnych, by zachęcić ją do zrobienia pierwszych kroków w spełnianiu owych marzeń.

+ Mów o swoich obserwacjach, które mogą pomóc twojej żonie w znalezieniu jej umiejętności i dobrych stron. Na przykład: „Nigdy nie słyszałem, żebyś mówiła coś o uczeniu, ale sądząc po tym, jak radzisz sobie z dziećmi, byłabyś świetną nauczycielką".

+ Jeśli masz umiejętności artystyczne, narysuj plakat albo wydrukuj jej imię w centrum kartki, otoczone opisami, frazami, a zwłaszcza słowami, za pomocą których zwracasz się do niej. Jeśli nie masz takich uzdolnień, skorzystaj ze starych gazet i czasopism i przygotuj dla niej wiadomości na kształt żądań okupu.

+ Przygotuj dla swojej żony składankę piosenek. Możesz zostać DJ-em i wyjaśnić, dlaczego na liście znalazły się akurat takie utwory.

- Wyślij jej maila dodającego otuchy, zwłaszcza jeśli wiesz, że ma ciężki dzień. Do maila załącz link do zabawnej strony internetowej.
- Pomyśl o waszych ostatnich sprzeczkach lub problemach i spróbuj oczyścić atmosferę.
- Naucz się, jak mówić „Kocham cię" lub w inny sposób wyrażać przywiązanie w języku obcym.
- Podziękuj jej za coś, co robi na co dzień i najpewniej nie spodziewa się z tego powodu komplementów.

DOBRY CZAS

rozdział 3

Jak płynnie mówić językiem dobrego czasu?

JĘZYK MIŁOŚCI # 2

Być może czas jest dla nas czymś najcenniejszym (choć jeśli ciułasz każdy grosz na spłatę kredytu albo nie wiesz, jak opłacisz studia, możesz skłaniać się bardziej do tezy, że najcenniejsze są pieniądze). Czas jest czymś absolutnie wyjątkowym. Na każdy dzień wszystkie oddychające osoby na ziemi otrzymują tę samą ilość czasu: 24 godziny, 1440 minut, 86 400 sekund, w zależności od jednostki, jaką się preferuje. Pod koniec dnia przydział każdej osoby jest wyczerpany. Czasu nie można zgromadzić czy zmagazynować. Kiedy minie, nie ma go.

Czasu nie można ukraść ani przelać na inne konto, nie można go odstawić na bok. Jeśli chodzi o czas, bogatsi nie mogą się wzbogacić jeszcze bardziej. Systemu czasu nie można zhakować, rozegrać, zakłócić. Czasu nie można wymienić ani zwrócić. Czas jest niezwykle ograniczony i istnieje na niego ogromny popyt. Pomyśl o wszystkim, co konkuruje o twój czas:

- praca,
- nadobowiązkowe potrzeby i okazje,
- dojazdy do pracy,
- ćwiczenia na siłowni,
- zobowiązania przyjacielskie, sąsiedzkie, kościelne i obywatelskie,
- zajęcia, mecze, występy i programy twoich dzieci,
- twoje hobby i rozrywki,
- konieczność snu i odpoczynku.

Zadań tak wiele, a tak mało czasu, by wszystkie zrealizować. Nikt nie rozumie tego lepiej niż osoba, której ojczysty język miłości to dobry czas.

Jeśli jesteś mężem kobiety, której ojczystym językiem miłości jest dobry czas, powinieneś czuć się doceniony. Twoja żona nie oczekuje wyrażeń afirmatywnych, podarunków czy drobnych przysług. Ona chce ciebie. Doświadcza miłości i przywiązania (czuje, że rzeczywiście ci na niej zależy), gdy po prostu dzielisz z nią swój cenny czas. Pół godziny tu, godzina tam, czasem wspólny wyjazd weekendowy – to wystarczy, by jej zbiornik na miłość był pełen. Pod warunkiem, że ten czas spędzacie dobrze.

Odpowiednie spędzanie czasu

Jakość to klucz do sukcesu. Stwierdzenie, że coś jest dobrej jakości, to postawienie poprzeczki wysoko. Mechanik, który dobrze wykonuje swoją pracę, nie idzie na łatwiznę, gdy naprawia hamulce. Nie daje się rozproszyć, gdy reperuje gaźnik. Nie rzuca wszystkiego i nie idzie do domu, jeśli nie jest w stanie szybko namierzyć przyczyny hałasu w systemie wydechowym.

Ten, którego praca jest dobrej jakości, szczególnie się do niej przykłada, skupia się na swoim zadaniu, nie poddaje się, nawet gdy coś idzie źle. Podobnie jest z dobrym spędzaniem czasu z twoją żoną. Jeśli dzielisz z nią swój czas, zrób to jak najlepiej. Oto recepta.

Pełna ostrość

Kluczem w zdobywaniu płynności w języku dobrego czasu jest ukształtowanie właściwego sposobu myślenia. Z kolei kluczem do ukształtowania właściwego sposobu myślenia jest skupienie swojej uwagi.

Niektórzy mężowie i żony myślą, że spędzają czas razem, podczas gdy w rzeczywistości tylko żyją obok siebie. Są w tym samym pomieszczeniu w tym samym czasie, ale

nie są razem. Mąż, który pisze SMS, podczas gdy jego żona próbuje z nim rozmawiać, nie spędza z nią dobrze czasu, bo nie skupia się w pełni na niej. Nie chodzi, rzecz jasna, o to, że dobry czas jest tylko wtedy, gdy patrzycie sobie głęboko w oczy. Chodzi raczej o robienie czegoś razem i całkowite skupienie się na sobie nawzajem. To, czym akurat oboje się zajmujecie, nie jest istotne. Z emocjonalnego punktu widzenia ważne jest, że spędzacie ze sobą czas. Konkretne zajęcie to tylko coś, co ma wam zapewnić poczucie bycia razem.

Gdy mąż i żona grają razem w tenisa, to – o ile faktycznie jest to dobry czas – nie skupiają się na grze, ale na tym, że spędzają razem czas. Liczy się to, co dzieje się na poziomie emocjonalnym. Poświęcanie czasu wspólnemu celowi wyraża wzajemną troskę, radość z bycia razem, pokazuje, że lubicie coś robić wspólnie.

Włączenie jakości do rozmowy

Podobnie jak język wyrażeń afirmatywnych język dobrego czasu ma wiele dialektów. Jednym z najbardziej rozpowszechnionych jest język dobrej rozmowy, czyli prawdziwy dialog, w trakcie którego dzielicie się ze sobą doświadczeniami, myślami, uczuciami i pragnieniami w przyjacielskich, pozbawionych zakłóceń okolicznościach. Nawiązać dobrą rozmowę to jak powiedzieć: „Będę cię zachęcał do rozmowy", „Będę słuchał życzliwie, co masz mi do powiedzenia", „Będę zadawał pytania, nie zadręczając cię, ale naprawdę próbując zrozumieć".

Większość ludzi skarżących się, że ich małżonkowie z nimi nie rozmawiają, nie ma na myśli tego, iż tamci nie odzywają się ani słowem. Chodzi im o to, że małżonkowie rzadko rozmawiają z nimi życzliwie. Jeśli językiem miłości twojej żony jest język dobrego czasu, takie rozmowy mają kluczowe znaczenie w jej odczuwaniu miłości.

Patricka poznałem, gdy miał czterdzieści trzy lata i od siedemnastu był żonaty. Pamiętam go, bo pierwsze słowa, jakie wypowiedział, były niezwykle dramatyczne. Patrick usiadł w skórzanym fotelu w moim gabinecie, przedstawił się, po czym pochylił się w przód i powiedział z naciskiem:

– Doktorze Chapman, byłem głupcem. Skończonym głupcem!

– Dlaczego tak uważasz? – zapytałem.

– Byłem żonaty przez siedemnaście lat – odpowiedział – i żona ode mnie odeszła. Dopiero teraz widzę, jakim byłem głupcem.

– Dlaczego sądzisz, że byłeś głupcem? – powtórzyłem swoje pytanie.

– Moja żona wracała po pracy do domu i opowiadała mi o problemach w biurze. Słuchałem jej, a potem mówiłem, co moim zdaniem powinna zrobić. Zawsze dawałem jej rady. Mówiłem, że musi stawić czoła sytuacji. „Problemy same nie mijają. Musisz porozmawiać z ludźmi, którzy sprawiają ci kłopoty, albo z przełożonymi. Musisz stawić czoła problemowi". Następnego dnia przychodziła z pracy i opowiadała mi dokładnie o tych samych trudnościach. Pytałem, czy zrobiła to, co jej sugerowałem poprzedniego dnia. Ona kręciła głową i przyznawała, że tak się nie stało. Ja powtarzałem więc moje rady. Mówiłem, że tylko tak może poradzić sobie z daną sytuacją. Kolejnego dnia wracała do domu i mówiła dokładnie o tych samych problemach. Ja znowu zadawałem pytanie, czy skorzystała z moich zaleceń. Ona znowu potrząsała głową i mówiła, że tego nie zrobiła.

Po trzech czy czterech takich wieczorach zaczynałem się złościć. Mówiłem, że nie powinna oczekiwać ode mnie współczucia, jeśli nie korzysta z moich porad. Oznajmiałem, że nie musi żyć w takim stresie i pod taką presją. Że rozwiąże problem, jeśli mnie posłucha. Jej stres sprawiał mi ból, bo byłem przekonany, że wcale nie musi go znosić. A gdy następnym razem zaczynała opowiadać o tych kłopotach, ja mówiłem: „Nie chcę o tym słyszeć. Mówiłem ci już, co musisz zrobić. Jeśli nie słuchasz moich rad - nie chcę nic wiedzieć o tej sprawie".

Wycofywałem się i wracałem do swoich zajęć. Dopiero teraz zdałem sobie sprawę, że gdy ona mówiła o swoich problemach w pracy, nie oczekiwała ode mnie rad. Oczekiwała współczucia. Chciała, żebym jej wysłuchał, poświęcił jej uwagę, chciała wiedzieć, że rozumiem jej ból, stres, presję, pod którą jest. Chciała wiedzieć, że ją kocham i że z nią jestem. Nie potrzebowała rad - chciała tylko wiedzieć, że ją rozumiem. A ja nigdy nie próbowałem jej zrozumieć. Byłem zbyt zajęty dawaniem jej rad. A teraz jej nie ma...

Dlaczego takich rzeczy nie dostrzega się w odpowiednim momencie? Byłem ślepy i nie widziałem, co się dzieje. Dopiero teraz uświadomiłem sobie, jak bardzo się na mnie zawiodła.

Żonie Patricka potrzebna była dobra rozmowa. W wymiarze uczuciowym pragnęła, by mąż skupił się na niej, wsłuchał się w jej ból i frustrację. Patrick natomiast nie koncentrował się na słuchaniu, ale na mówieniu. Słuchał tak długo, aż poznał, na czym polega problem, po czym podawał jego rozwiązanie. Nie słuchał na tyle długo ani na tyle dobrze, by usłyszeć wołanie żony o wsparcie i zrozumienie.

Kto pierwszy rzuci kamieniem? Tak naprawdę wielu z nas zachowuje się jak Patrick. Jesteśmy wyuczeni analizowania problemów i szukania ich rozwiązań. Tracimy z oczu fakt, że małżeństwo to związek, a nie projekt, który trzeba zamknąć, albo problem wymagający rozwiązania. W związku potrzebne jest słuchanie z życzliwością, próba zrozumienia myśli, uczuć i pragnień drugiej osoby. Możemy udzielać rad, ale tylko jeśli zostaniemy o to poproszeni, i na pewno nie w sposób protekcjonalny.

Większość z nas niewiele wie o słuchaniu. Dużo lepiej wychodzi nam myślenie i mówienie. Ten brak wiedzy trudno będzie ukryć, jeśli językiem miłości twojej żony jest język dobrego czasu, a jej dialektem – dobra rozmowa. Na szczęście umiejętność słuchania można w sobie dość szybko wykształcić (choć całe lata zajmuje nabranie w niej biegłości). Oto kilka praktycznych wskazówek na dobry początek.

1. **Utrzymuj kontakt wzrokowy z żoną, gdy mówi.** Dzięki temu nie będziesz się rozpraszał i pokażesz, że całkowicie koncentrujesz się na jej słowach.
2. **Gdy słuchasz, nie zajmuj się jednocześnie czymś zupełnie innym.** Pamiętaj, że dobry czas oznacza skupienie się wyłącznie na drugiej osobie. Jeśli robisz coś, czego nie możesz natychmiast przerwać, powiedz o tym

żonie. Można to zrobić uprzejmie, na przykład: „Wiem, że chcesz mi coś powiedzieć, i jestem tym zainteresowany, ale chciałbym się skoncentrować tylko na tobie. Teraz nie mogę tego zrobić, ale za dziesięć minut skończę, usiądziemy i wtedy cię wysłucham". Większość żon zaakceptuje taką prośbę.

3. **Słuchaj uczuć.** Zastanów się, jakie emocje są udziałem twojej żony. Jeśli wydaje ci się, że znasz odpowiedź, potwierdź to, mówiąc na przykład: „Wydaje mi się, że jesteś zawiedziona, bo zapomniałem ________". Dzięki temu będzie mogła dokładnie wyjaśnić, co czuje. W ten sposób komunikujesz też, że z zaangażowaniem słuchasz, co ona ma do powiedzenia.
4. **Zwracaj uwagę na mowę ciała.** Zaciśnięte pięści, drżące dłonie, łzy, zmarszczone brwi i rozbiegane spojrzenie mogą ci podpowiedzieć, co odczuwa druga osoba. Czasem język ciała niesie inny przekaz, a wypowiadane słowa – inny. Poproś o doprecyzowanie, by mieć pewność, co twoja żona naprawdę myśli i czuje.
5. **Nie przerywaj.** Jeśli w pełni skupiasz się na swojej żonie, gdy ona mówi, nie będziesz się bronił, rzucał oskarżeń ani dogmatycznie trwał przy swoim stanowisku. Twoim celem jest zrozumienie myśli i uczuć twojej żony.

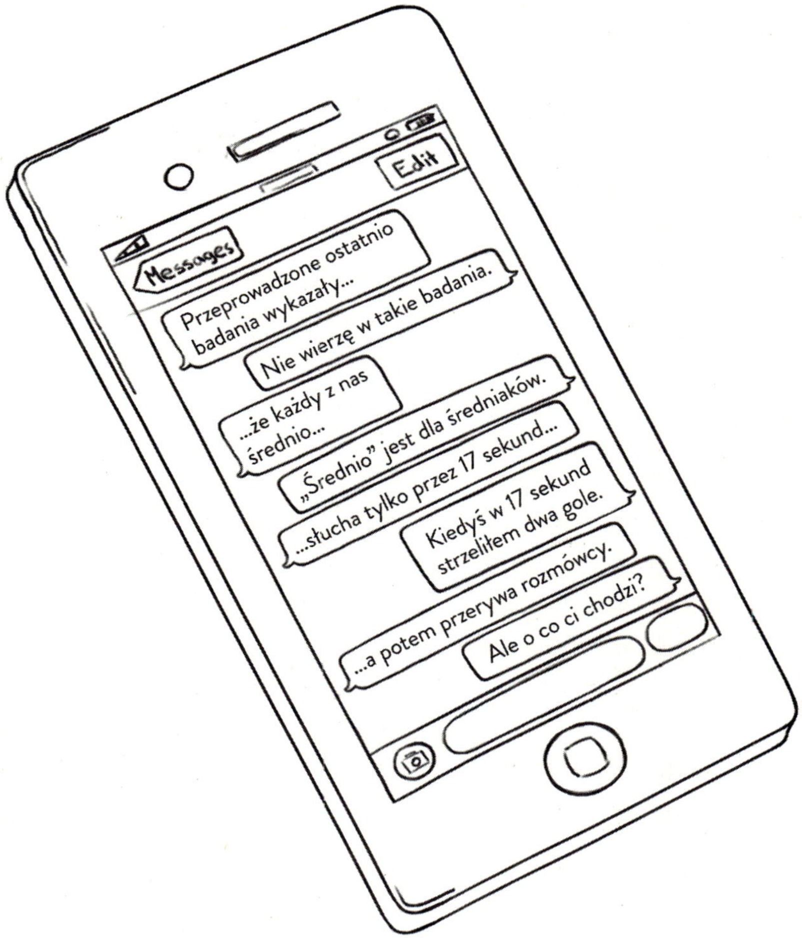
Edit
Messages
Przeprowadzone ostatnio badania wykazały...
Nie wierzę w takie badania.
...że każdy z nas średnio...
„Średnio" jest dla średniaków.
...słucha tylko przez 17 sekund...
Kiedyś w 17 sekund strzeliłem dwa gole.
...a potem przerywa rozmówcy.
Ale o co ci chodzi?

Otwórz się

Do dobrej rozmowy potrzebne jest nie tylko życzliwe słuchanie, ale też odkrycie się. Gdy żona mówi: „Chciałabym, żeby mój mąż zaczął mówić – nie wiem, co on czuje i myśli", prosi o bliskość. Chce być bliska swojemu mężowi, ale jak można być blisko z kimś, kto jest milczącą zagadką. Jeśli żona ma się czuć kochana, jej mąż musi nauczyć się mówić o sobie. Jeśli jej ojczysty język miłości to język dobrego czasu, a jej dialektem jest dobra rozmowa, jej zbiornik na miłość nie wypełni się, dopóki mąż nie zacznie opowiadać o swoich myślach i uczuciach.

Pomyśl o tym jak o grze w tenisa. Jeśli tylko jedna osoba daje z siebie wszystko, cały czas będzie miała asy serwisowe. Czy mogłoby zdarzyć się coś nudniejszego i mniej angażującego dla obojga graczy? Jeśli natomiast drugi gracz zaczyna oddawać zagrania, gra się świetnie. W tę i z powrotem. Każde z was dostaje to, co oferuje druga osoba – i oddaje to samo. Zanim ktokolwiek się spostrzeże, trwa długa, satysfakcjonująca wymiana uderzeń.

Gdyby tylko dobra rozmowa była tak prosta jak obrona serwisu tenisowego... Otwieranie się może być trudne dla wielu mężczyzn. Niektórzy dorastali w domach, w których zniechęcało się do wyrażania własnych myśli i uczuć. Prośba o nową zabawkę oznaczała pewne kazanie na temat smutnego stanu domowego budżetu. Dziecko zaczynało odczuwać poczucie winy ze względu na swoje pragnienia i szybko uczyło się, by więcej o nich nie mówić. Gdy wyrażało złość, rodzice reagowali w surowy i potępiający sposób. Dziecko uczyło się, że wyrażanie złości też nie jest dobre. Jeśli dziecko miało poczucie winy, na przykład gdy wyraziło swój zawód, że nie może pójść z ojcem do sklepu, uczyło się maskować swoje rozczarowanie. Jeszcze przed osiągnięciem dorosłości wielu z nas nauczyło się wypierać swoje uczucia. Nie mamy żadnej łączności z emocjonalną stroną naszej osobowości.

Żona mówi do swojego męża: „Jakie są twoje odczucia dotyczące tego, co zrobił Steve?". Mąż odpowiada: „Myślę, że zrobił źle - powinien był...", ale nie mówi o swoich uczuciach. Wyraża tylko swoje myśli. Może ma powody, by odczuwać złość, urazę lub zawód, ale tak długo żył w świecie myśli, że nie potrafi ocenić swoich uczuć. Jeśli w ten sposób możesz opisać także siebie, to nauczenie się języka dobrej rozmowy będzie jak nauka języka całkowicie obcego. Trzeba zacząć od nawiązania kontaktu z własnymi uczuciami - od uświadomienia sobie, że jest się istotą emocjonalną, nawet jeśli dotychczas próbowało się odsunąć na bok tę sferę swej osobowości.

Dobrym pierwszym krokiem jest śledzenie emocji, jakie odczuwasz poza domem. Noś ze sobą mały notatnik i trzy razy dziennie zadaj sobie pytanie: „Jakie emocje odczuwałem w ciągu ostatnich trzech godzin?". Zadawaj sobie także pytania szczegółowe: „Co czułem w drodze do pracy, gdy kierowca za mną siedział mi na ogonie? Co czułem, gdy tankowałem samochód, automatyczna pompa nie wyłączyła się i całe auto oblałem benzyną? Co czułem, gdy przyjechałem do biura i dowiedziałem się, że projekt, nad którym pracuję, musi zostać skończony w trzy dni, choć były na to dwa tygodnie?".

Zapisz w notatniku swoje uczucia oraz kilka słów, które pozwolą ci zapamiętać odpowiadające im wydarzenie. Twoja lista mogłaby wyglądać na przykład tak:

Wydarzenie	**Uczucia**
Kierowca na ogonie	złość
Stacja benzynowa	wściekłość
Projekt do oddania za trzy dni	frustracja i niepokój

Wykonaj to ćwiczenie trzy razy dziennie, a zaczniesz uświadamiać sobie swoją emocjonalną naturę. Korzystając z zapisków w notatniku, opisuj żonie swoje emocje (i wydarzenia, które je spowodowały) tak często, jak to możliwe. Po kilku tygodniach będziesz w stanie mówić z nią o swoich emocjach bez poczucia dyskomfortu, aż wreszcie nauczysz się swobodnie rozmawiać z żoną o swych uczuciach do niej, o dzieciach i wydarzeniach, które rozgrywają się w waszym domu. Pamiętaj, same emocje nie są ani dobre, ani złe. Są po prostu naszymi psychologicznymi reakcjami na wydarzenia w życiu.

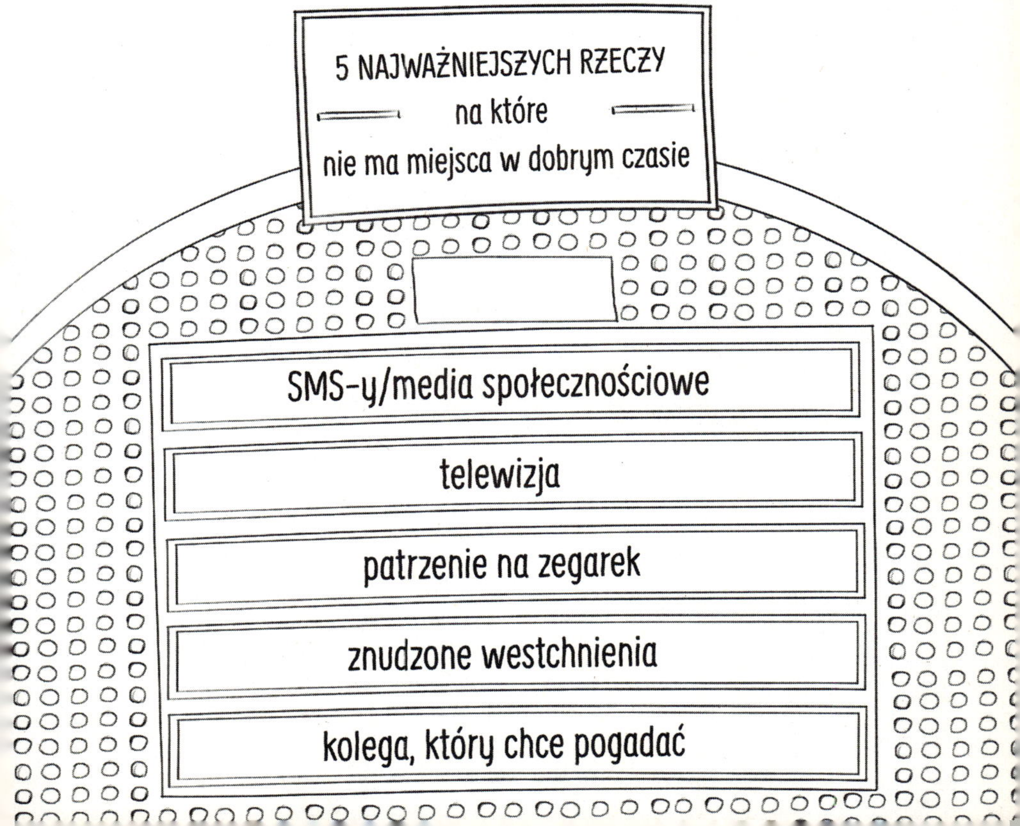

Dobre zajęcia

Kolejnym dialektem dobrego czasu są dobre zajęcia. W trakcie seminarium dla małżeństw, jakie niedawno prowadziłem, poprosiłem, żeby każda para zapisała następujące zdanie: „Najmocniej odczuwam miłość mojej żony/mojego męża, gdy ______". Oto wypowiedź zapisana przez dwudziestodziewięcioletniego mężczyznę, który jest żonaty od ośmiu lat:

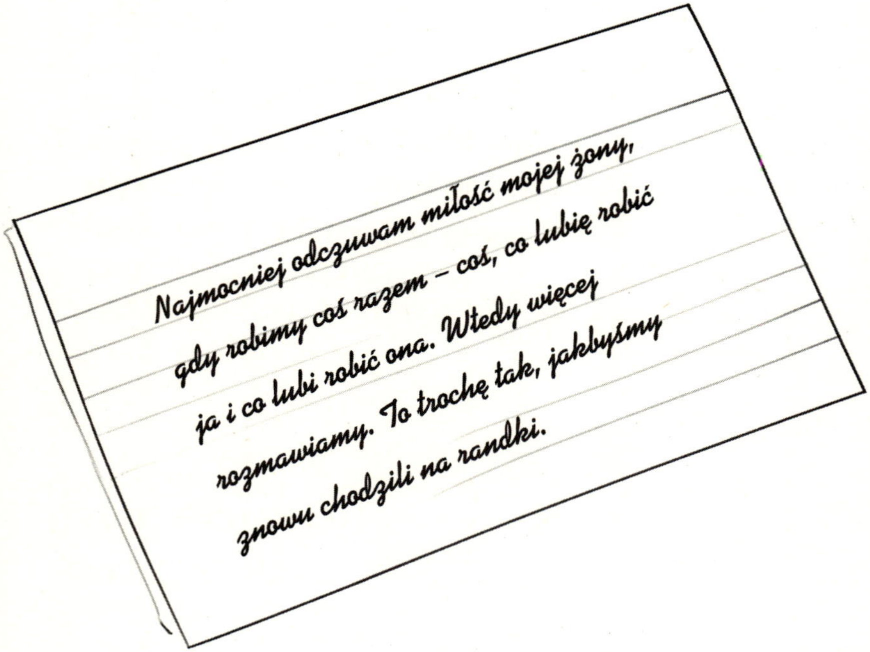

To typowa odpowiedź osoby, której ojczystym językiem miłości jest język dobrego czasu. Chodzi jej przede wszystkim o bycie razem, robienie czegoś razem, poświęcanie komuś swojej uwagi.

Dobrym zajęciem może być cokolwiek, co interesuje jedno z was lub was oboje. Najistotniejsze nie jest to, co robicie, ale to, **dlaczego** to robicie. Celem jest doświadczanie czegoś razem, tak by potem twoja żona pomyślała: „On troszczy się o mnie – chciał zrobić ze mną coś, co sprawia mi radość, i podszedł do tego w sposób pozytywny". To właśnie jest miłość, a dla niektórych osób jest to najbardziej wyrazista forma miłości.

Dobrym zajęciem może być troska o ogród, zwiedzanie pól bitewnych wojny secesyjnej, wspólne wyjście na koncert, ćwiczenia przed biegiem na pięć kilometrów czy zaproszenie gości na pizzę i gry. Możliwości ograniczają wyłącznie wasze zainteresowania i chęć zbierania nowych doświadczeń. A oto najważniejsze cechy dobrego zajęcia:

- przynajmniej jedno z was chce to zrobić,
- druga osoba jest skłonna to zrobić,
- oboje wiecie, **dlaczego** to robicie: chcecie wyrazić swoją miłość poprzez wspólne spędzanie czasu.

Jedną z pochodnych dobrych zajęć jest to, że budują one bazę wspomnień, z których będzie można korzystać w przyszłości. Dzięki nim staniecie się jedną z tych par, które pamiętają poranny spacer po plaży, wiosenne sadzenie kwiatów w ogrodzie, poparzenie bluszczem przy ganianiu za królikiem po zaroślach, pierwszy wspólny mecz ligi baseballowej, wyjazd na narty skrócony z powodu złamania nogi w schronisku, wizyty w wesołych miasteczkach, katedrach, koncerty i to cudowne uczucie, gdy po kilku kilometrach wspinania się można stanąć razem za wodospadem. Będziecie spowici tymi wspomnieniami niczym mgiełką. Są to wspomnienia miłości, zwłaszcza dla osób, których ojczystym językiem miłości jest dobry czas.

> Dobry czas owocuje dobrymi wspomnieniami.

Jak znaleźć czas na takie zajęcia, zwłaszcza jeśli oboje pracujecie poza domem? Powinniście go znajdować tak samo, jak znajdujecie czas na obiad i kolację. Dlaczego? Bo dla waszego małżeństwa dobry czas jest równie istotny, jak ważne są posiłki dla zdrowia. Czy to trudne? Czy wymaga szczegółowego planowania? Owszem. Czy to znaczy, że trzeba zaniechać jakichś samodzielnych zajęć? Być może. Czy to znaczy, że trzeba robić coś, czego samemu się nie lubi? Na pewno. Czy warto? Bez wątpienia. Co będziesz z tego miał? Przyjemność z mieszkania z osobą, która czuje się kochana, i z tego, że nauczysz się płynnie posługiwać jej językiem miłości.

DOBRY CZAS – PORADY

Gratuluję zaznajomienia się z językiem dobrego czasu! Z pewnością nie można od nikogo wymagać opanowania nowego sposobu komunikowania się w ciągu jednego dnia. Jeśli czasem masz problemy z wymyśleniem czegoś właściwego, oto kilka pomysłów do wzięcia pod rozwagę.

+ Uszanuj to, że twoja żona jest rannym ptaszkiem lub sową. Zaplanuj dobry czas zgodnie z jej harmonogramem dnia. Nastaw budzik na wcześniejszą porę lub wypij kawę, żeby posiedzieć dłużej – zrób to, co sprawi, że spędzony wspólnie czas będzie dla twojej żony szczególny.

+ Poświęć coś, co kochasz, by znaleźć czas na wspólne zajęcia: przestań grać w golfa w sobotę rano, na jeden sezon zrezygnuj z ligi koszykówki, odstaw nieistotne zobowiązanie biznesowe. W ten sposób wyraźnie pokażesz, że żona jest dla ciebie ważniejsza niż wszystkie te rzeczy.

+ Oboje ułóżcie listy waszych dziesięciu najlepszych wspólnych chwil. Następnie porównajcie listy i sprawdźcie, ile waszych ulubionych wspomnień pokrywa się ze sobą.

+ Wielu mężczyzn musi się nauczyć uważnie słuchać. Jeśli jest ci trudno w pełni skupić się na jednej rzeczy, ćwicz, słuchając swoich dzieci, gdy są nadzwyczaj gadatliwe, skup się na wysłuchaniu całego niedzielnego kazania albo słuchaj muzyki, nie pozwalając swoim myślom na oderwanie się.

+ Niektóre pary są ze sobą wyjątkowo długo. Jeśli tak jest w waszym przypadku, nie próbuj zmieniać całego czasu, jaki spędzacie razem, w dobry czas. Wyznacz określony czas i miejsce na bycie razem.

+ Jeśli to twoja żona zazwyczaj nie ma czasu, spróbuj niekiedy wykonać za nią jedną (lub kilka) nielubianych i czasochłonnych prac domowych. Opłać rachunki, zajmij się sprawunkami, połóż dzieci spać – i daj jej trochę wolnego dobrego czasu.

+ Znajdź takie zajęcie, które lubisz i które łączy się z czymś, co lubi twoja żona, żebyście mogli spędzić razem więcej czasu. Jeśli ona lubi chodzić na siłownię, a ty wolisz grać na komputerze, nie będziecie w stanie spędzić razem zbyt wiele dobrego czasu. Ale jeśli pójdziesz z nią na siłownię albo znajdziesz coś nowego, co możecie robić razem (może geocaching albo wspólne gotowanie), wasz związek nabierze nowego wymiaru.

- Jeśli jesteście razem od dawna, prawdopodobnie znaczną część waszego czasu – i rozmów – pochłaniają sprawy codzienne: kiedy trzeba zabrać psa do weterynarza? gdzie jest płyn do szyb? ile trzeba zapłacić za wywóz śmieci? Spróbuj analizować rozmowy, by całego waszego czasu i wszystkich rozmów nie zdominowała lista rzeczy do zrobienia.

- Zaskocz ją dwoma biletami do kina na film, który na pewno jej się spodoba. Potem zabierz ją na kolację i poproś, żeby opowiedziała o swoich wrażeniach.

- Jeśli modlicie się wspólnie, dodajcie do tego kilka chwil na bycie razem. Gdy spędzacie dobry czas z Bogiem, spędzajcie też dobry czas ze sobą.

- Jeśli pozwala wam na to plan dnia, spróbuj urządzić zimową albo letnią wycieczkę. Zapomnijcie o waszych planach i zróbcie coś spontanicznego.

- Wybierajcie na zmianę książki do czytania. Zaznaczcie strony albo rozdziały, które każde z was powinno przeczytać w wolnym czasie, a potem porozmawiajcie o nich. Albo czytajcie sobie książki na głos.

- Jazda samochodem ułatwia rozmowę między ludźmi, dlatego wybierzcie się na dłuższą przejażdżkę. Możecie pojechać do waszej ulubionej restauracji oddalonej o dwie–trzy godziny drogi, zjeść obiad i wrócić do domu.

- Jeśli nie macie sobie nic do powiedzenia, nauczcie się razem milczeć. Nastawcie alarm i ustalcie, że żadne z was się nie odezwie, gdy będziecie podziwiać zachód słońca albo spacerować po lesie.

- I tak musicie zająć się pracami domowymi, więc może zamieńcie je w moment dobrej rozmowy? Podzielcie się sprzątaniem w domu i rozmawiajcie w trakcie odkurzania, mycia podłogi, porządkowania rzeczy.

PODARUNKI

rozdział 4

Jak płynnie mówić językiem podarunków?

JĘZYK MIŁOŚCI # 3

Erik przez cały rok był przyjacielem Kelsey, zanim ta zgodziła się pójść z nim na randkę. Jako że oboje byli fanami baseballu, Erik na pierwszą randkę zabrał dziewczynę na mecz Indianapolis Indians. Zespół ten gra w jednej z niższych lig, dlatego na meczach zamiast zwykłych trybun są trawiaste pagórki. Erik i Kelsey byli w samym środku pikniku z lewej strony boiska, gdy obrońca Indians rzucił w ich kierunku szybką piłkę. Erik podskoczył i dokonał imponującego wyczynu, łapiąc piłkę bez rękawicy i przerywając w ten sposób rozgrywkę.

Dwa dni później Kelsey pod drzwiami swojego pokoju w akademiku znalazła zapakowany prezent. Otworzyła go, a w środku była piłka baseballowa w małym plastikowym pudełku, jakiego używają kolekcjonerzy. Do pudełka przymocowany był bilet z meczu, zaś na piłce wypisana data rozgrywek i słowa: „Pierwsza taka interwencja, prawie najlepsza rzecz, jaka przydarzyła mi się tego dnia".

Po dwóch latach od pierwszej randki Erik i Kelsey byli małżeństwem. Dzisiaj, jakieś piętnaście lat później, tamta piłka (wciąż w tym samym pudełku) stoi na nocnym stoliku Kelsey, która patrzy na nią każdego dnia. Kiedy ostatnio jeden z przyjaciół zapytał, jaką rzecz ratowałaby w pierwszej kolejności, gdyby dom zaczął się palić, Kelsey odpowiedziała: „Piłkę, którą dał mi Erik".

Gdyby urządzić wyprzedaż garażową, piłka wraz z opakowaniem sprzedałaby się może za dolara, najwyżej za półtora. Ale Kelsey nie sprzedałaby jej nawet za tysiąckrotność tej kwoty. Oto moc dobrze przemyślanego podarunku.

Kot i ogon

Gdyby ojczystym językiem miłości Kelsey były wyrażenia afirmatywne, dobry czas, drobne przysługi albo dotyk, odpowiedzią na podarunek Erika mogłoby być krótkie spojrzenie albo niezbyt wylewne podziękowanie. Erik postawił na podarunek i okazał się zwycięzcą. Kelsey była oszołomiona tym, że Erik dał jej tak cenną dla siebie piłkę, napisał kilka płynących z głębi serca słów, upamiętnił datę ich pierwszej randki i opakował całość w taki sposób, że była jednocześnie widoczna i bezpieczna. A wszystko tylko dla niej. To, że Erik był w stanie przemówić jej językiem miłości na tak wczesnym etapie znajomości, dało Kelsey nadzieję, iż może jest tym jedynym. Okazało się, że miała rację. Nie każdy uczy się języka tak szybko jak Erik. Ale też nie każdy jest tak zmotywowany do nauki jak on.

Spośród wszystkich pięciu języków miłości podarunki mogą wzbudzić największe zdziwienie. W niektórych kręgach jakiekolwiek powiązanie miłości z prezentami wystarcza, by zaczęło się gadanie o materializmie, naciąganiu albo czymś jeszcze gorszym. Dlatego trzeba już na początku podkreślić, co tu jest kotem (miłość), a co ogonem (podarunki). **To miłość sprawia, że mąż chce się nauczyć języka miłości swojej żony.** Jego celem jest pokazanie swojej miłości w sposób, który ona zrozumie i doceni. Rzecz jasna, miłość między nimi już istnieje. Taki mąż nie próbuje zasłużyć na uczucie żony, kupując jej drogie prezenty. On tylko wyraża to, co czuje, w sposób, który dla niej jest najważniejszą oznaką miłości.

Osoba, której ojczystym językiem miłości są podarunki, nie musi być materialistą. Jej celem nie jest zgromadzenie zbioru cennych rzeczy, lecz otoczenie się przedmiotami przypominającymi o miłości ukochanej osoby. Cena i wartość prezentów nie są dla niej istotne. W przypadku języka podarunków tak naprawdę liczy się sam pomysł.

Namacalne wyrazy uczuć

Związek między miłością a podarunkami jest mocniejszy niż wielu osobom może się wydawać. Ile miałeś lat, kiedy pierwszy raz znalazłeś kwiat albo dmuchawiec i dałeś go swojej mamie jako prezent, mówiąc w ten sposób „Kocham cię"? Ile różnych bibelotów zrobiłeś dla swoich rodziców na wyjeździe wakacyjnym, w szkółce niedzielnej, na lekcjach plastyki? Te instynkty w nas drzemią. Pielęgnowanie i doskonalenie tych naturalnych skłonności stanowią klucz do biegłego posługiwania się językiem podarunków.

Uczucie, które sprawiało przyjemność twoim rodzicom lata temu (a być może wciąż w nich jest), ma duże znaczenie dla osób, których ojczystym językiem miłości jest język podarunków. Podarunek to coś, co mogą trzymać w ręku, gdy mówią: „Popatrz, on pomyślał o mnie". Oto cały urok. Musisz o kimś **pomyśleć**, zanim dasz mu prezent. Sam prezent jest tylko symbolem tej myśli. Nieważne, czy prezent jest kosztowny. Ważne, że pomyślałeś o żonie, poświęciłeś swój czas, by zastanowić się, co ją uszczęśliwi, a potem to zrealizowałeś.

OPOWIADANIE HISTORII

Chcesz, żeby twój prezent miał w sobie coś więcej? Opatrz go historią. Pluszowy miś trzymający znaczek z napisem „Kocham Zachodnią Wirginię" to jedno; pluszowy miś trzymający znaczek, kupiony w sklepiku w miejscu, w którym kiedyś mieszkała prababcia twojej żony – o czym wiesz dzięki badaniom genealogicznym, które wcześniej przeprowadziłeś – to coś zupełnie innego.

Rzecz jasna, nie każda historia musi być tak podniosła i wymagać tyle zachodu. Wystarczy proste: „Słyszałem, że chciałaś spróbować w kuchni czegoś nowego, więc kupiłem ci książkę kucharską z przepisami z Luizjany" albo „Zrobiłem ci składankę piosenek, które ostatnio podśpiewujesz". Najlepsze połączenie historii i prezentu daje twojej żonie wgląd w to, jak pracował twój umysł, gdy o niej myślałeś.

Podarunki są widzialnymi symbolami miłości. Osoby, które nie posługują się na co dzień językiem podarunków, mogą mieć problem ze zrozumieniem znaczenia takich symboli. Różnicę między ludźmi, dla których język podarunków jest językiem ojczystym, a tymi, dla których nie jest, widać w ich nastawieniu do najbardziej rozpowszechnionego w naszej kulturze widzialnego symbolu miłości: do obrączek. Większość ceremonii ślubnych wiąże się z przekazywaniem sobie obrączek. Osoba prowadząca taką ceremonię mówi coś w rodzaju: „Te obrączki są zewnętrznymi i widzialnymi znakami wewnętrznej i duchowej więzi, która łączy dwa serca w miłości niemającej końca". Nie jest to tylko zgrabne sformułowanie re-

toryczne. Słowa te nadają moc widzialnemu symbolowi związku, zwłaszcza jeśli zawierają go osoby posługujące się językiem podarunków.

To dlatego niektórzy ludzie po ślubie nigdy nie zdejmują swoich obrączek. Jeśli podarunki są ojczystym językiem miłości twojej żony, ale nie twoim, to prawdopodobnie ona będzie nosiła obrączkę częściej niż ty – i częściej o niej myślała. Dla niej obrączka ma najpewniej wielką wartość i nosi ją z dumą, ponieważ to ty dałeś ją jako trwały symbol waszej miłości. Prawdopodobnie też bardzo cieszyła się z innych prezentów, jakie jej dawałeś przez lata. Dla niej są one wyrazem twojej miłości.

Co to oznacza dla ciebie?

Pójdźmy o krok dalej: bez podarunków jako widzialnych symboli żona może zacząć kwestionować twoją miłość. U wielu z was to ostatnie zdanie mogło wzbudzić niepokój. Albo usłyszeliście dźwięk przesypujących się pieniędzy. Może nawet sprawdziliście, czy tego rozdziału nie sponsoruje Tiffany, Chanel albo Dior. Powtórzmy zatem stwierdzenie, które już padło: generalnie oddziaływanie prezentu nie ma nic wspólnego z jego ceną czy wartością materialną.

Świetne prezenty mają różne kształty, kolory i rozmiary. Niektóre są drogie, inne nie kosztują nic. Gdy ojczystym językiem miłości twojej żony jest język podarunków, **cena prezentu będzie miała znaczenie**, tylko jeśli wyraźnie odbiega ona od tego, na co faktycznie was stać, albo od tego, ile wydajesz na siebie lub na innych. Jeśli mieszkasz przy polu golfowym, na ogrodzonym osiedlu i co roku kupujesz nowy samochód, nie możesz co tydzień wracać do domu z prezentami kupionymi w sklepie z towarami za dolara i oczekiwać, że będą one wyrażać prawdziwą miłość i twoje przywiązanie do żony. Natomiast jeśli wasz domowy budżet jest w kiepskim stanie, dobrze wybrany prezent za dolara może przełożyć się na milionową wartość.

Jeśli twoja żona ciągle krytykuje podarunki, które jej dajesz, i nie docenia ich, może trzeba dokonać ponownej oceny. Podarunki niemal na pewno nie są jej ojczystym językiem miłości.

Podarunki można kupić, znaleźć albo zrobić. Jeśli w trakcie biegania znajdziesz interesujące ptasie pióro i przyniesiesz je żonie, właśnie okazałeś jej miłość. Niedroga kartka z życzeniami, która przykuwa wzrok i dobrze wyraża twoje uczucia, będzie prezentem idealnym. Jeśli wasz budżet nie pozwala i na to, doskonałym prezentem będzie kartka zaprojektowana przez ciebie i narysowana na zwykłym papierze do drukarki. Czy może być coś prostszego?

Wydawanie i oszczędzanie

Niektórzy wciąż nie będą przekonani, że podarunki to faktycznie sposób wyrażania miłości. Ktoś może nawet ubierać swoje wątpliwości w szaty „wiedzy" finansowej. Każdy z nas na swój sposób postrzega znaczenie pieniędzy, a wydawaniu ich towarzyszą różne uczucia. Niektórzy są zorientowani na wydawanie - czują się dobrze, gdy kupują coś, czego potrzebują lub czego pragną. Inni skupiają się na oszczędzaniu i inwestowaniu - czują się dobrze, gdy odkładają i mądrze lokują fundusze. Jeśli należysz do pierwszej grupy, najpewniej nie będziesz miał zasadniczych trudności z kupowaniem prezentów dla swojej żony, jeśli jednak zaliczasz się do grupy drugiej, idea wydawania pieniędzy jako sposób wyrażania miłości może w tobie napotkać emocjonalny opór. Nie kupujesz nic sobie - dlaczego miałbyś kupować coś swojej żonie?

Taki sposób myślenia działa dobrze na poziomie finansowym, dlatego może być trudno dostrzec, jakim skrzywieniem jest na poziomie emocjonalnym. Prawda jest taka, że jeśli z natury jesteś oszczędny, to tak naprawdę (w pewnym sensie) kupujesz rzeczy dla siebie. Gromadząc pieniądze, „kupujesz" poczucie własnej wartości i bezpieczeństwa. Wykorzystujesz swoje zasoby do zadbania o własne potrzeby emocjonalne, natomiast nie zaspokajasz potrzeb emocjonalnych swojej żony.

Jeśli jej ojczystym językiem miłości jest język podarunków, musisz uznać, że kupowanie dla niej prezentów to najlepszy plan długoterminowy. Inwestujesz w wasz związek i wypełniasz jej zbiornik na miłość. A gdy będzie on pełen, twoja żona odwdzięczy się miłością w języku, który ty zrozumiesz. Taka sytuacja daje obopólną korzyść. Gdy potrzeby emocjonalne obu osób są zaspokojone, wasze małżeństwo zyskuje nowy wymiar. Inwestycja w miłość do żony to inwestycja w akcje najszybciej idące w górę.

IDEALNY PREZENT

Nie tracilibyśmy czasu na sugerowanie czegoś tak oczywistego jak kupowanie żonie biżuterii. Sugerowalibyśmy jednak przyjrzeć się często z góry odrzucanym prezentom, takim jak bransoletki i naszyjniki z wisiorkami. Początkowy wydatek na samą bransoletkę albo naszyjnik może się wydawać dość poważny, ale pomyśl o nim jako o inwestycji. Wisiorki same w sobie są prezentem idealnym. Są stosunkowo niedrogie, dają różne możliwości i pozwalają na dowolne spersonalizowanie prezentu. Po pamiętnej wycieczce na przykład do Miami możesz kupić wisiorek w kształcie stanu Floryda. Po grze w małżeński softball w lidze parafialnej możesz kupić wisiorek z piłką i pałką. Z czasem taka bransoletka lub naszyjnik będzie opowiadać historię waszego związku – ku zadowoleniu twojej żony.

Prezent z samego siebie

W niektórych dialektach języka podarunków liczy się nienamacalny podarunek, który potrafi powiedzieć o wiele więcej niż prezent, który można chwycić w dłoń. Mam na myśli prezent z samego siebie albo prezent własnej obecności. Bycie przy żonie, gdy tego najbardziej potrzebuje, mocno przemawia do tych osób, których ojczystym językiem miłości jest język podarunków. Kiedyś Sonia powiedziała mi:

- Tony, mój mąż, kocha softball bardziej niż mnie.

- Dlaczego tak uważasz? - zapytałem.

- Gdy urodziło się nasze dziecko, grał w softball. Ja leżałam cały dzień w szpitalu, a on grał w softball - odparła.

- A czy był przy porodzie?

- Był w szpitalu na tyle długo, żeby towarzyszyć narodzinom dziecka, ale po dziesięciu minutach już go nie było. To było straszne. To były takie ważne chwile w naszym życiu. Chciałam je z nim dzielić, chciałam, żeby Tony był tam ze mną.

Ich dziecko ma teraz piętnaście lat, a Sonia mówiła o tamtym wydarzeniu, jakby to było wczoraj. Dopytywałem dalej:

– Czy wniosek, że Tony kocha softball bardziej niż ciebie, opierasz tylko na tym jednym wydarzeniu?

– Nie – odpowiedziała. – W dniu pogrzebu mojej matki także grał w softball.

– Poszedł na jej pogrzeb?

– Tak, był na pogrzebie, ale gdy tylko uroczystości się skończyły, poszedł sobie. Nie mogłam w to uwierzyć. Moi bracia i siostry wrócili ze mną do domu, a mój mąż odszedł, by grać w softball.

Później rozmawiałem o tych dwóch wydarzeniach z Tonym. Dokładnie wiedział, o co chodzi.

– Wiedziałem, że Sonia to wyciągnie – oznajmił. – Byłem z nią w czasie porodu, byłem, gdy urodziło się dziecko. Robiłem nawet zdjęcia. Byłem taki szczęśliwy! Nie mogłem się doczekać, żeby powiedzieć o tym kolegom z drużyny, ale czar prysł, gdy wróciłem tego wieczoru do szpitala. Sonia była na mnie wściekła. Nie wierzyłem w to, co mówiła. Myślałem, że będzie dumna, że powiedziałem kolegom... A kiedy zmarła jej matka? Pewnie nie powiedziała panu, że wziąłem wolne w pracy przed jej śmiercią i cały tydzień spędziłem w szpitalu i w domu teściowej, naprawiając różne rzeczy i pomagając. Po jej śmierci i po pogrzebie uznałem, że zrobiłem wszystko, co było w mojej mocy. Musiałem odetchnąć. Lubię grać w softball i wiedziałem, że pomoże mi się to zrelaksować i pozbyć stresu, który odczuwałem przez cały ten czas. Myślałem, że Sonia sama chciałaby, bym odpoczął. Zrobiłem to, co w moim mniemaniu było dla niej ważne, ale okazało się, że to za mało. Nigdy nie przestała mi wypominać tych dwóch dni. Powiedziała, że kocham softball bardziej niż ją, a to przecież absurd!

Tony był prostolinijnym mężem, który nie rozumiał niezwykłego znaczenia ludzkiej obecności. Dla żony jego obecność, kiedy go potrzebowała, była ważniejsza niż cokolwiek innego. **Fizyczna obecność w kryzysowej sytuacji to największy dar, jaki możesz dać swojej żonie, jeśli jej ojczystym językiem miłości jest język podarunków.** Twoje ciało staje się wtedy symbolem twojej miłości. Usuń ten symbol, a poczucie miłości znika.

W czasie wspólnych sesji Tony i Sonia pracowali nad urazami i nieporozumieniami z przeszłości. Wreszcie Sonia zdołała mu wybaczyć, a Tony zrozumiał, dlaczego jego obecność jest dla niej tak ważna.

Możesz uniknąć takich dramatów i skrywanego przez lata żalu, po prostu odczytując werbalne i niewerbalne sygnały, jakie wysyła ci żona. Jeśli mówi do ciebie: „Bardzo chciałabym, żebyś był ze mną wieczorem/jutro/po południu", to potraktuj jej prośbę poważnie. Z twojej perspektywy dane wydarzenie może się wydawać mało ważne, ale wierz mi – ono ma znaczenie. Jeśli nie weźmiesz go serio, jeśli nie zareagujesz odpowiednio na jej prośbę, sam możesz dać żonie sygnał, nie zdając sobie z tego sprawy. Sygnał, którego będziesz żałował bardzo, bardzo długo.

PRZEMÓW

Jeśli to **twoim** ojczystym językiem miłości jest język podarunków i to dla **ciebie** ważna jest fizyczna obecność twojej żony, powinieneś przede wszystkim powiedzieć jej o swoich uczuciach. Nie każ jej zgadywać, co jest dla ciebie ważne. Wyduś to z siebie. Daj jej szansę przemówić płynnie w twoim języku miłości.

Obdarowywanie jest sednem miłości. Wszystkie języki miłości to wyzwanie, by dawać coś od siebie. Jednak dla niektórych osób podarunki, widzialne symbole miłości, są językiem najważniejszym.

Na początek

Powiedzmy, że ktoś zgadza się ze znaczeniem podarunków dla swojego związku, ale nie ma zbyt wielkiego doświadczenia w dawaniu prezentów. Być może dorastał w ubogiej rodzinie, w której prezenty zdarzały się rzadko. A może nigdy nie lubił robić zakupów – ani dla siebie, ani dla innych. Może jego własny język miłości jest na drugim biegunie w stosunku do podarunków.

Jak taki człowiek może zacząć płynnie posługiwać się zupełnie obcym dla niego językiem miłości? Dobrym pierwszym krokiem może być sporządzenie listy wszystkich prezentów, które mu się przypomną, a na które jego żona zareagowała entuzjastycznie. Mogą to być prezenty od niego, od rodziny czy przyjaciół. Taka lista może dać pewne pojęcie o tym, jakie podarunki cieszą jego żonę. Jeśli będzie miał tę listę pod ręką i dopisywał do niej kolejne elementy, użyje jej, gdy przyjdzie czas na robienie zakupów. A jeśli ma poważne powody do troski w związku ze swoimi umiejętnościami podarunkowymi (lub ich brakiem), może poprosić o pomoc członków rodziny, którzy dobrze znają jego żonę.

PODARUNKI – PORADY

Nie można od nikogo wymagać, by opanował język podarunków w jeden dzień. Jeśli potrzebujesz pomysłu – i to już – sprawdź poniższe wypróbowane propozycje.

+ Wiemy już, że istnieje okres świąteczny. A co z okresem prezentowym – kupowaniem prezentów z okazji rocznicy ślubu, urodzin żony, Dnia Matki czy innej szczególnej daty?

+ Fotografie to niedrogi prezent, który nabiera wartości wraz z upływem czasu. Mogą okazać się jeszcze bardziej szczególne, jeśli będziesz je gromadził przez jakiś czas, a potem dasz żonie prezent złożony ze zdjęć, na których widać, jak dorasta wasze dziecko, zmieniają się domowe zwierzęta, pory roku przechodzą przez jej ogród i tak dalej.

+ Pomyśl o prezentach na teraz i na potem. Karmnik dla ptaków, poduszeczka na igły, nasiona do warzywnego ogródka będą przynosić dobre plony przez długi czas.

+ Daj żonie prezent dnia. Jeśli wiesz, że ona nie ma żadnych zobowiązań, zróbcie sobie wolny dzień i pozwól jej wybierać, co chce robić (albo pozwól jej mieć cały dzień dla siebie).

+ Nie zapominaj o prezentach spontanicznych i niespodziewanych: od ulicznych kwiaciarek, z przydrożnych sklepików z owocami lub rękodziełem, z ulubionej lodziarni w upalny dzień. Niech to będzie coś, co twoja żona doceni.

+ Jeśli twoja żona lubi odwiedzać sklepy z prezentami lub artykułami do domu, pozwól jej tam spędzić czas bez twojego gderania i niecierpliwienia się.

+ Jeśli twoja żona ma ulubiony teleturniej lub inny program w telewizji, pomyśl, jak mógłbyś zorganizować wersję tylko dla niej. Jeśli uwielbia programy o urządzaniu domu, zapewnij jej jakiś budżet i pomoc kolegi – pozwól jej urządzić jeden z pokojów w waszym domu.

+ Jeśli masz zacięcie artystyczne, wykonaj jej podobiznę kredą, gwaszem, farbą olejną, z gliny i tak dalej.

+ Jeśli zbliża się ważna data (okrągłe urodziny, rocznica), zawiadom jej starych przyjaciół, z którymi dawno nie miała kontaktu. Poproś o proste prezenty od serca (wiersz, zakładka do książki, modlitwa) w ten szczególny dzień. Zachowaj wszystko w tajemnicy, dopóki nie wręczycie jej tego prezentu w trakcie przyjęcia urodzinowego.

- Zarejestruj gwiazdę i nazwij ją imieniem swojej żony.

- Kup akcje firmy, którą twoja żona lubi, i pomóż jej w śledzeniu kursu tych akcji przez jakiś czas.

- Daj jej przygotowane samodzielnie kupony na „usługi", o jakie twoja żona regularnie cię prosi, na przykład mycie samochodu, specjalne sprawunki, masaż pleców. Koniecznie dotrzymaj warunków i terminów realizacji kuponów.

- Jeśli pieniądze stanowią problem, pomyśl o odpowiednich podarunkach symbolicznych. Na przykład zamiast biletu na samolot możesz ufundować żonie „lot marzeń" – wspólne rozmowy o tym, co moglibyście robić, gdyby pieniędzy było więcej. Albo poszukaj filmów z waszych wcześniejszych wakacji i ponownie przeżyjcie tamte cudowne chwile bez opuszczania zacisza własnego domu.

- Daj jej prezent swojej obecności, jeśli przeżywa trudny czas w swoim życiu, na przykład gdy odwiedza bardzo chorą przyjaciółkę, zajmuje się starszym rodzicem, przeżywa kryzys w pracy.

- Jeśli twoja żona wyjeżdża służbowo, planuje wyjazd parafialny czy weekendowy wypad z najlepszą przyjaciółką, ukryj prezent dla niej w walizce. Albo załatw dostarczenie czegoś do jej pokoju hotelowego.

+ Zintensyfikuj oczekiwanie na wielki prezent, dając niejasne wskazówki, co to jest – na przykład w formie puzzli, które złożą się na obrazek z tym prezentem.

DROBNE PRZYSŁUGI

rozdział 5

Jak płynnie mówić językiem drobnych przysług?

JĘZYK MIŁOŚCI # 4

Andre spojrzał na swoje odbicie w lustrze w łazience i potrząsnął głową. „Co za widok" – pomyślał. Na kolanach przy toalecie, w gumowych rękawicach po łokcie, środek do czyszczenia w jednym ręku i szczotka w drugim. Gdyby jego koledzy z drużyny rugby mogli go teraz zobaczyć... Albo jeszcze lepiej – gdyby mógł go zobaczyć jego własny ojciec. Ten hołdował podziałowi prac domowych w zależności od płci: mąż miał kosić trawnik latem, odgarniać śnieg zimą, naprawiać wszystko, co się zepsuje, a żona miała zajmować się całą resztą. Nagle Andre poczuł, że szkoda mu ojca. Prawdopodobnie nigdy nie doświadczył korzyści płynących z niespodziewanego oddania drobnej przysługi własnej żonie. Andre uśmiechnął się, myśląc o reakcji żony na ostatnią przysługę.

Miała wkrótce wrócić do domu, a tu czekała nie tylko wysprzątana łazienka, ale i nowa zasłona prysznicowa, dywan, zestaw ręczników i uchwyt na papier toaletowy. Żona pokazała mu to wszystko w katalogu, ale była przekonana, że o tym zapomniał. Na pewno zacznie krzyczeć z radości. Będzie zasłaniać usta dłonią z zaskoczenia, zauważy i skomentuje wszystkie szczegóły, włącznie z wyczyszczonym kubkiem na szczoteczki do zębów, który nie jest już umazany zaschniętą pastą. Będzie się śmiała, a łzy popłyną jej po policzkach. Oplecie go swoimi ramionami i mocno przytuli. Będzie szeptała mu do ucha, że jest szczęśliwa, będąc żoną tak troskliwego, dbającego, zaskakującego i atrakcyjnego mężczyzny.

Nagle Andre zrobiło się szkoda każdego, kto nie był nim.

Wypracowane „życie długie i szczęśliwe"

Może wydaje ci się, że Andre i jego żona to para dobrana w językowym raju – i masz rację, tyle że nie zawsze tak było. Andre nie dowiedział się telepatycznie już przy pierwszym spotkaniu, że jego żona ceni sobie drobne przysługi. Nie był wielkim znawcą języków miłości. Andre i jego

Jeśli chodzi o drobne przysługi, to nie będziesz oceniany ze względu na ilość czasu, jaką poświęcisz, ani ze względu na poziom trudności wykonanych prac. Oceniany będziesz za swoją skuteczność - za wpływ, jaki będziesz miał.

Początkujący miotacz w baseballu może stale pracować nad swoją techniką, dopracowując zarówno rzuty lekkie, jak i mocne. Może wykonać setki dodatkowych rzutów, próbując jak najlepiej obsadzić swoją pozycję. Może godzinami oglądać filmy instruktażowe, ucząc się techniki różnych miotaczy i pałkarzy. Ostatecznie jednak jest oceniany tylko według jednego kryterium: czy udaje mu się wyeliminować pałkarzy z gry. Jeśli odpowiedź jest negatywna, nieszczególnie liczy się cały jego wysiłek. Istotna jest jego efektywność.

Andre początkowo nie miał świadomości istnienia tego związku. Pracował ciężko, lecz wybierał niewłaściwe zadania. I nie udało mu się zmienić nic, jeśli chodzi o potrzeby żony.

Dla kogoś, kto czuje dumę z wykonywanej pracy, może to być trudne do przełknięcia. Większość z nas ma potrzebę dowodzenia swojej wartości jako mężowie, opiekunowie, żywiciele rodziny. Poza tym chcemy, żeby wykonywana przez nas praca miała jakieś znaczenie. I pragniemy uznania za to, co robimy.

TAK JAK WCZEŚNIEJ

Wielu ludzi bierze ślub, wierząc, że współmałżonek potrafi już płynnie mówić językiem drobnych przysług. Swoje przekonanie opierają na tym, jak ta druga osoba zachowywała się dotychczas. I wielu ludzi odkrywa, że to, co pary robią dla siebie przed ślubem, nie jest żadną wskazówką co do tego, jak będą się zachowywały po ślubie. Stan zakochania może w dziwny sposób modyfikować nasze zachowania i sprawić, że zaczniemy robić coś, co zupełnie do nas nie pasuje. Po ślubie wracamy do stanu sprzed zakochania. To wtedy nauka nowego języka miłości może okazać się konieczna.

Jeśli mamy zacząć płynnie mówić językiem drobnych przysług, trzeba odrzucić ten sposób myślenia. Musimy dać się kierować żonie w określaniu, co jest, a co nie jest działaniem skutecznym. Musimy pozwolić jej uczyć nas, jak zmieniać sytuację.

Jak wygląda miłość według twojej żony? Co sprawia, że czuje się prawdziwie i mocno kochana? Odpowiedzi na te pytania powinny kierować twoimi działaniami. W zależności od jej osobowości (i historii waszego związku) twoja żona może, lecz nie musi czuć się dobrze, udzielając ci odpowiedzi. Może będziesz musiał uspokoić ją, pomóc jej zauważyć w tobie szczere pragnienie zaspokojenia jej potrzeb wynikających z tego języka miłości.

Jednym ze sposobów może być poproszenie żony, by ułożyła listę zadań dla ciebie - czterech lub pięciu drobnych przysług, których oddanie jej wiele by dla niej znaczyło. Na liście może się znaleźć jakaś praca domowa, której szczególnie nie lubi, coś, co ułatwi jej życie, da jej trochę czasu dla siebie, zadanie, o którego wykonaniu marzyła od lat. Lista nie musi być długa. To tylko punkt wyjścia - migawka z obecnego stanu potrzeb emocjonalnych twojej żony. Gdy już dostaniesz tę listę, potraktuj ją tak, jak na to zasługuje - jako coś bardzo cennego.

Twoje wysiłki i uwaga powinny skupiać się na tym, dzięki czemu twoja żona będzie się czuła szczerze i prawdziwie kochana.

Jak w języku drobnych przysług powiedzieć „natychmiast"?

Przejście od otrzymania listy zadań do zrobienia od swojej żony do pierwszej oficjalnej drobnej przysługi ma charakter kluczowy. Pomyśl o tym jak o przejmowaniu pałeczki w trakcie sztafety 4 × 100 metrów albo jak o zatrzymaniu w pit-stopie w trakcie wyścigu Indianapolis 500. Prędkość i wykonanie liczą się najbardziej.

Nazwij to przejęciem inicjatywy, przeniesieniem walki na teren listy twojej żony. Może masz dobre intencje związane z załatwieniem wszystkich spraw na liście - gdy tylko znajdziesz na to czas, możliwości i energię. Tyle że w związku, podobnie jak w biznesie, sporcie i praktycznie w każdej innej dziedzinie życia, dobre intencje nie wystarczą. Jeśli mają nabrać znaczenia, trzeba je zamienić w coś namacalnego, coś znaczącego.

Nawet jeśli udało ci się zbudować pozytywne nastawienie, prosząc żonę o podzielenie się z tobą listą zadań, wszystko to może pójść na marne, jeśli tę listę przykryje stos dokumentów na twoim biurku. Nie chcesz, żeby żona musiała przypominać ci o rzeczach, które miałeś dla niej zrobić. Dla niej na pewno nie będzie to oznaką miłości. Miłość zawsze dawana jest dobrowolnie. Nie można jej zażądać, wymusić, wyciągnąć z kogoś. Właśnie dlatego tak ważne jest, byś wykazał się inicjatywą i zrealizował listę drobnych przysług dla swojej żony tak szybko, jak to tylko możliwe. W ten sposób pokazujesz jej swoje intencje oraz to, jak ważne jest dla ciebie jej dobre samopoczucie.

Najlogiczniej jest wybrać najłatwiejszą pozycję na liście i od niej zacząć. Jeśli problemem jest czas, w takiej strategii nie ma nic złego. Natomiast jeśli nie masz wielu innych zajęć, jeśli dysponujesz zasobami i środkami potrzebnymi do realizacji czegoś większego i śmielej zakrojonego, to najlepszą strategią jest zajęcie się tą pozycją z listy, która dla twojej żony jest najważniejsza, najbliższa jej sercu.

Wybierz jedno zadanie i wykonaj je. Zrób to starannie i zademonstruj swojej żonie dobre wyniki, a nie tylko zamiary. Kiedy już uporasz się z pierwszym zadaniem, zajmij się pozostałymi pozycjami z listy.

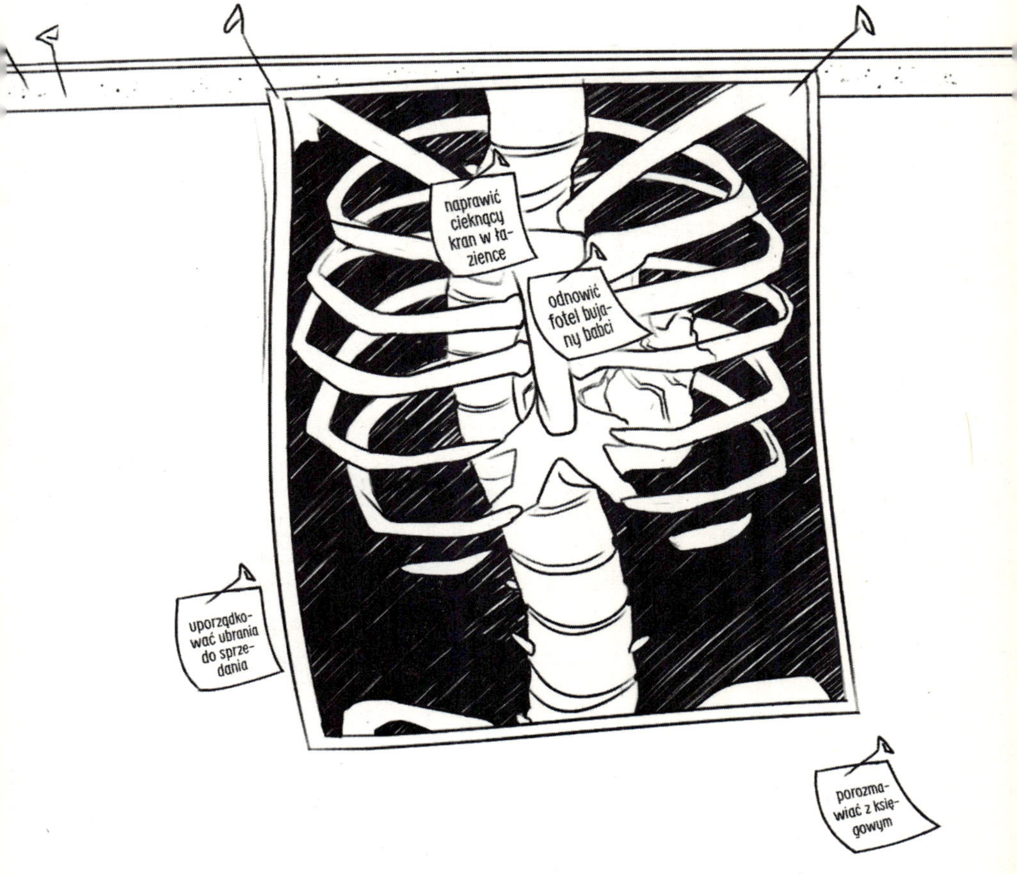

Łatwiej powiedzieć niż zrobić? Tak wiele rzeczy walczy o twoje czas, uwagę i energię. Kluczem do realizacji drobnych przysług jest uczynienie z niej „doświadczenia DDP": determinacja, dyscyplina, poświęcenie.

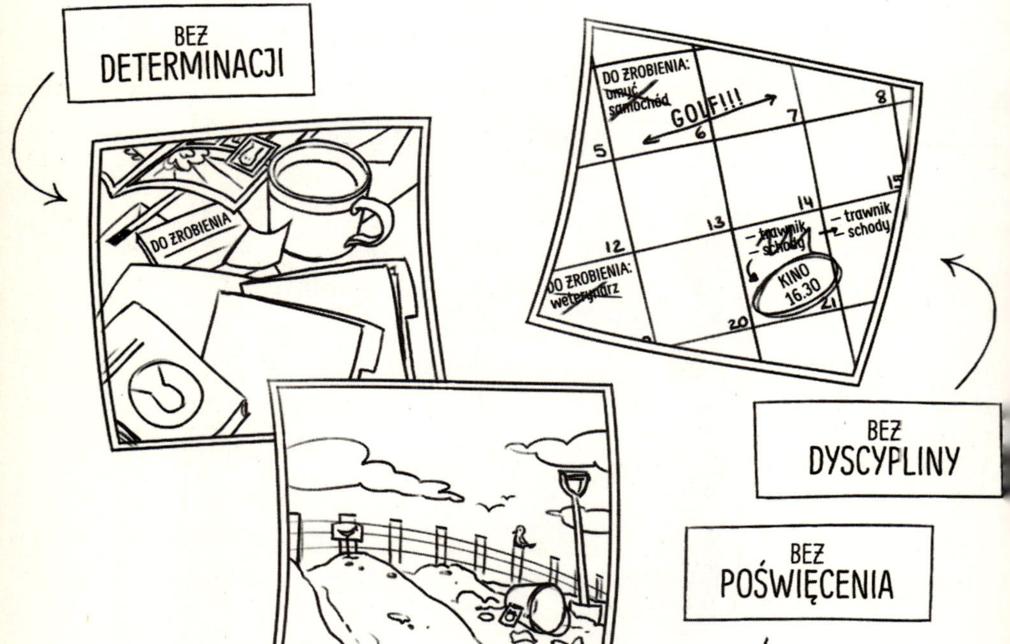

Determinacja wiąże się z twoją motywacją. Przypnij swoje ulubione zdjęcie żony razem z listą zadań na lustrze w łazience lub w innym miejscu, na które codziennie patrzysz - w ten sposób nie zapomnisz o przyczynie tego, co masz zrobić. Za każdym razem, gdy spojrzysz na zdjęcie, pomyśl o tym, że możesz okazać kobiecie na zdjęciu miłość przez drobne przysługi - pomysły z jej listy lub niespodziankę, którą doceni.

Dyscyplina wiąże się z planowaniem i przyznawaniem priorytetu, co jest konieczne w realizacji ambitniejszych zadań z listy. Nie da się w ciągu dnia zbudować, ustawić i zagospodarować sześciu dużych skrzyni ogrodowych. Nie da się zainstalować przegródek w szafie w godzinę lub dwie po pracy. Niektóre drobne przysługi będą ingerencją w twój napięty program dnia. Niektóre będą wymagały odłożenia w czasie albo poświęcenia własnych zadań lub przyjemności.

Poświęcenie oznacza troskę o to, by kończyć coś, co się zaczęło. Oznacza też zajmowanie się daną kwestią tak długo, aż wreszcie można ją uznać za zrealizowany objaw miłości. Poświęcenie nie pozwala, by przyszłe objawy uczuć stały się tylko częściowo ukończonymi przypomnieniami o ważniejszych zadaniach.

Pamiętaj – każde opóźnienie lub przerwana próba ukończenia danej przysługi to wyraźny sygnał dla twojej żony mówiący, że zadanie nie jest dla ciebie ważne.

Realizacja z uśmiechem na twarzy

Nastawienie, z jakim realizuje się daną przysługę, jest równie istotne, co sam rezultat. Tak naprawdę dobry uczynek wykonany z niewłaściwym nastawieniem może zrobić więcej złego niż dobrego. Jeśli twoja żona wyczuje urazę albo rozdrażnienie w trakcie realizacji jakiejś przysługi dla niej, nie poczuje się kochana. Będzie się czuła jak ktoś, kto narzuca się, przeszkadza, zabiera twój czas i energię. W tym przecież nie ma miłości. Jeśli masz odnieść jak największy sukces, swoje zadania powinieneś realizować ochoczo, ciesząc się, że robisz coś ważnego dla żony. Powinieneś je wykonywać w dobrym nastroju – także te, które wcale nie należą do twoich ulubionych zajęć. Powinieneś też wykonywać je z pokorą. Nie domagaj się uwagi, gdy oddajesz żonie drobne przysługi. Nie chwal się nimi jak czymś bardzo znaczącym. Nie zgrywaj bohatera ani ofiary. Pamiętaj, dla kogo i dlaczego coś robisz.

JEŚLI TWOIM OJCZYSTYM JĘZYKIEM MIŁOŚCI SĄ DROBNE PRZYSŁUGI...

Pamiętaj, że miłość to wybór i nigdy nie bierze się z przymusu. Nie możesz odwoływać się do krytyki lub żądań, dążąc do tego, czego potrzebujesz. Jeśli zaczniesz zadręczać żonę, zapewne dostaniesz to, czego chcesz. Ona to zrobi, ale na pewno nie wyrazi w ten sposób swojej miłości do ciebie. Lepszą możliwością jest dawanie wskazówek w postaci próśb: „Chciałbym, żebyś bardziej dbała o porządek, przeglądała pocztę, częściej dzwoniła do mojej matki". Nie możesz jednak stworzyć lub zażądać pragnienia miłości. Każdy z nas musi codziennie decydować, czy chce kochać swoją żonę.

Zagadka popychadła

Wydaje się, że spośród wszystkich pięciu języków miłości z językiem podarunków wiąże się najwięcej możliwości nadużyć, a przynajmniej postrzegania czegoś jako nadużywanie dobroci drugiej osoby. Żona o niezbyt szczerych intencjach mogłaby przekonać męża, by zrobił dla niej niemal wszystko i to w imię miłości.

Pewna żona ujęła to w następujący sposób: „Służyłam mu przez dwadzieścia lat. Byłam na każde jego skinienie. Byłam jego popychadłem, a on mnie ignorował, źle mnie traktował, poniżał mnie przy przyjaciołach i rodzinie. Nie nienawidzę go, nie życzę mu źle, ale mam do niego żal i nie chcę już z nim mieszkać". Ta kobieta przez dwie dekady wykonywała dla męża różnego rodzaju przysługi, ale nie były one wyrazem miłości. Ich przyczyną był strach, poczucie winy, żal. Jak wiele innych mężczyzn i kobiet mogłoby opowiedzieć podobną historię? Ile z nich należało (lub należy) do Towarzystwa Popychadeł?

Popychadło to przedmiot, coś, co można potrącić, popchnąć, a czasem nawet kopnąć. Nie ma własnej woli. Nie sprzeciwia się temu, jak jest traktowane. Po prostu spełnia swoje zadanie. Kiedy traktujemy nasze żony jak przedmioty – albo przynajmniej dajemy im powody, by czuły się traktowane jak przedmioty – nie możemy liczyć na miłość. Manipulowanie poczuciem winy („Zrobiłabyś to dla mnie, gdybyś była dobrą żoną") nie jest językiem miłości. Przymuszanie i zastraszanie („Zrobisz to albo pożałujesz") jest miłości obce.

Jeśli szczere wysiłki męża próbującego przemówić językiem drobnych przysług regularnie spotykają się z niezadowoleniem lub obojętnością ze strony jego żony, potrzebna może być ponowna ocena sytuacji. Jak wspominaliśmy wcześniej, zdobycie umiejętności płynnego posługiwania się drugim językiem miłości wymaga czasu. Nie da się uchronić przed błędami. Nie każdy pomysł się sprawdzi, zwłaszcza jeśli jeszcze nie jesteście w pełni zgrani. Jeśli natomiast będziesz wykonywał zadania, które twoja żona opisuje jako najważniejsze, a i tak będzie cię ciągle krytykowała – albo w ogóle nie będzie reagowała – to można założyć, że język drobnych przysług jednak nie jest jej ojczystym językiem miłości.

DROBNE PRZYSŁUGI – PORADY

Postanowiłeś nauczyć się języka drobnych przysług, by móc wyrażać w ten sposób miłość do swojej żony. To doskonale. Jako osoba, dla której nie jest to ojczysty język miłości, zauważysz, że czasem brakuje ci inspiracji. Oto kilka pomysłów, które pozwolą ci się odblokować.

+ Wielu mężczyzn zna takie prace domowe, co do których ich żony porzuciły już wszelkie nadzieje. Zaskocz ją – zrób właśnie to.

+ Jeśli żona prosi cię, byś coś zrobił, zrób to. Lepiej żeby nie musiała powtarzać swojej prośby.

+ Zaplanuj pobudkę trzydzieści minut wcześniej (albo pójście do łóżka trzydzieści minut później) każdego dnia przez tydzień i wykorzystaj ten czas na planowanie i wykonywanie drobnych przysług na rzecz twojej żony.

+ Pomyśl o czymś, czego ona absolutnie nie będzie się spodziewała. Zabierz psa do psiego fryzjera, uporządkuj piwnicę i zrób w niej miejsce na jej domowe dokumenty, wysprzątaj spiżarnię i szafki w kuchni.

+ Ugotuj obiad. Rzeczywiście go ugotuj – i nie zapomnij o warzywach. Po obiedzie posprzątaj i wyczyść kuchenkę.

+ Zabierz żonę „na zakupy" przez internet lub z wykorzystaniem książki telefonicznej. Pozwól jej wybrać i zamówić konkretną usługę – czyszczenie rur, malowanie, pranie dywanów.

+ Zastanów się, na co twoja żona skarży się najczęściej, i postaraj się, by takie skargi już więcej się nie powtarzały.

+ Bądź pomocny, jeśli zdarzy się żałoba (po śmierci rodziców albo ulubionego zwierzęcia). Wspieranie żony w trudnych chwilach może być bardzo ważną przysługą.

+ Nie rozgłaszaj za każdym razem, że zrobiłeś coś dla swojej żony. Od czasu do czasu wykonaj jakąś przysługę w ukryciu, nic o tym nie mówiąc, i zobacz, jak szybko twoja żona to zauważy.

+ Jeśli twoja żona każdego ranka się spieszy, zafunduj jej kilka dodatkowych minut. Zamień się kolejnością w łazience, zapakuj drugie śniadanie dla dzieci, zaparz kawę.

+ Ułóż listę umiejętności i zdolności twoich przyjaciół. Kogo możesz poprosić o wykonanie dla twojej żony czegoś, czego sam nie jesteś w stanie zrobić?

+ Jeśli twoją żonę to, co dla niej robisz, cieszy tak bardzo, że chciałaby w tym uczestniczyć, wspólnie zacznijcie oddawać przysługi ludziom, których znacie (a zanim się obejrzycie, będziecie spędzać dobry czas na planowaniu tego rodzaju zajęć).

+ Zastanów się, jak możesz przysłużyć się komuś, kogo twoja żona kocha – przyjacielowi, członkowi rodziny, komuś z parafii – lub w jakiejś ważnej sprawie, na której jej zależy.

+ Zajmij się wszystkim, co przeszkadza żonie, gdy ogląda ulubiony program w telewizji: odbieraj telefony, zajmij się dziećmi i tak dalej.

+ Jeśli znasz innych mężczyzn, którzy czytają tę książkę, wymieńcie się pomysłami, by znaleźć nowe strategie na udany związek.

DOTYK

rozdział 6

Jak płynnie mówić językiem dotyku

JĘZYK MIŁOŚCI # 5

Przypomnij sobie, jak często jako dziecko

- grałeś w futbol na podwórku,
- siłowałeś się ze swoim tatą,
- siłowałeś się kciukami z bratem,
- grałeś w berka na szkolnej przerwie,
- kogoś czochrałeś, targałeś, zaczepiałeś,
- bawiłeś się w ciuciubabkę w basenie.

Dla wielu mężczyzn dotyk odgrywa wielką rolę w okresie dorastania. Jeśli zostawi się ich samych sobie, chłopcy każdą grę, zajęcie czy wycieczkę samochodową potrafią zamienić w sport kontaktowy.

Kiedy dorastamy, uczymy się szanować prywatność innych ludzi i trzymać ręce przy sobie. Jeśli nie liczyć uścisków dłoni, przybijania piątki, niezbyt częstych uścisków, nasze relacje interpersonalne w dorosłym życiu są w znacznym stopniu pozbawione dotyku. Nikogo nie dotykamy i nikt nie dotyka nas.

Czasem ten brak dotyku pojawia się także w małżeństwie. Gdy kończy się miesiąc miodowy, w trakcie którego nowożeńcy nie mogą się od siebie oderwać, wiele par zaczyna się borykać z problemem zwiększającego się fizycznego dystansu. Wymogi zapracowanego świata oraz różne problemy emocjonalne sprawiają, że mąż i żona nie zbliżają się do siebie na odległość ręki. Około 80% osób w związkach małżeńskich taki dystans nie musi się wydawać istotnym problemem (liczba ta jest prawdziwa, jeśli założymy, że ojczyste języki miłości rozkładają się mniej więcej po równo wśród wszystkich ludzi). Ich zbiorniki na miłość wypełniają wyrażenia afirmatywne, dobry czas, podarunki albo drobne przysługi. Mogą lubić dotyk, ale nie potrzebują go, by odczuwać miłość i troskę drugiej osoby. Ich emocjonalny dobrostan nie jest z nim związany.

Niniejszy rozdział zadedykowany jest pozostałym 20% osób – małżonkom, których ojczystym językiem miłości jest dotyk.

Dotykalni

Jeśli twoja żona jest smakoszem lub ty nim jesteś, bardzo prawdopodobne, że któreś z was ma „supersmak" - należy do ludzi, których smak jest tak wrażliwy, że doświadczają jedzenia inaczej niż wszyscy. Dla osoby, która ma supersmak, cukier jest słodszy, sól bardziej słona, śmietanka bardziej kremowa, a smak gorzki - nie do zniesienia. Niektórzy z takich ludzi są nawet w stanie wyczuć najmniejsze różnice zawartości tłuszczu w mleku i w innych produktach spożywczych. Nie zdecydowano jeszcze, czy ta cecha jest błogosławieństwem, czy przekleństwem. Z jednej strony osoby nią obdarowane są w stanie rozróżnić i docenić liczne składniki znajdujące się w ich ulubionych potrawach i są doskonałymi krytykami kulinarnymi. Z drugiej - ludzi obdarzonych supersmakiem odrzuca od określonych rodzajów jedzenia, w tym od zdrowych zielonych warzyw, które inni ludzie lubią.

Jeśli ojczystym językiem miłości twojej żony jest dotyk, pomyśl o niej jako o osobie obdarzonej „superdotykiem", która wyczuwa (między innymi) miłość i oddanie w najlżejszym uścisku dłoni i pogładzeniu po plecach. Kontakt fizyczny, który przez innych ludzi w ogóle nie zostałby zarejestrowany, może ją przyprawić o dreszcze, zmienić jej nastrój, rozjaśnić dzień i - co najważniejsze - sprawić,

że będzie czuła twoją miłość i troskę. Intensywność jej doznań dotykowych odgrywa zasadniczą rolę w związku. Im bliżej z kimś jest, czy będzie to przyjaciel, czy członek rodziny, tym ważniejszy jest dotyk takiej osoby – uścisk brata, pocałunek w policzek od matki, otoczenie ramieniem przez najbliższego przyjaciela lub przyjaciółkę. I odwrotnie - zbyt rzadki dotyk ze strony najbliższych może jej sprawić więcej bólu i wywołać większy lęk, niż są w stanie wyobrazić sobie osoby, dla których dotyk nie jest językiem ojczystym.

Z jej perspektywy dotyk może zadecydować o nawiązaniu relacji, może być sposobem wyrażania miłości lub nienawiści. Uderzenie w twarz dla każdego jest szokujące, ale dla kogoś, kto posługuje się językiem dotyku, jego skutki mogą być przerażające. Delikatny uścisk dla większości ludzi jest oznaką miłości i dobrych uczuć, lecz dla osób posługujących się językiem dotyku jest jak uderzenie miłości. Takie osoby myślą w następujący sposób: „Wszystko, czym jestem, mieści się w moim ciele - dotknąć mojego ciała to dotknąć mnie, oddalić się od mojego ciała to oddalić się ode mnie na poziomie emocjonalnym". Nawet ludzie posługujący się innymi językami miłości chcą do pewnego stopnia zrozumieć ten sposób rozumowania. Czy sobie z tego zdajemy sprawę, czy nie, większość z nas przestrzega pewnych norm kulturowych dotyczących dotyku. Odchylenia od tych norm mogą być przyczyną podejrzeń i niezrozumienia. Ile razy w tygodniu ściskasz dłoń klientów, przyjaciół z parafii, kolegów od gry w golfa, przygodnych znajomych? W naszej kulturze uścisk dłoni komunikuje otwartość i przyjazne nastawienie względem drugiej osoby. Jeśli wyciągasz do kogoś dłoń, a ta osoba nie chce jej uścisnąć, prawdopodobnie dojdziesz do jednego z trzech wniosków:

- ten koleś to palant,
- ten człowiek nie chce mnie znać,
- coś jest nie tak w naszej relacji.

Twoja reakcja na taki afront będzie zależała od tego, kto się go dopuścił. Jeśli to twój przeciwnik, z którym właśnie wygrałeś mecz koszykówki, pewnie w ogóle nie będziesz o tym myślał. Ale jeśli to twój szef, możesz zacząć panikować i zastanawiać się, co zrobiłeś źle i kiedy padnie cios.

Podobnie jest z żoną, której ojczystym językiem miłości jest dotyk. **Jeśli dotyku jest za mało, ona bierze to do siebie.** Może stracić poczucie własnej wartości, może martwić się stanem swych przyjaźni i związków, może czuć się samotna, nawet jeśli otaczają ją przyjaciele i bliscy. Do ciebie, jej męża - podstawowego źródła miłości i oparcia - należy odpowiedzialność za zapewnianie jej dotyku. Ktoś może powiedzieć, że to znaczna presja. Ty możesz spojrzeć na to jak na wyzwanie i okazję.

Inwentaryzacja

Jeśli wasze dzieci (albo dzieci waszych przyjaciół, siostrzeńcy czy bratankowie) chodzą na zajęcia sportowe w liceum, może słyszeliście o teście sprawdzającym na wypadek wystąpienia wstrząśnienia mózgu. Jeśli nie, oto jak taki test wygląda: zanim rozpocznie się sezon, sportowiec zostaje poddany testowi komputerowemu, w trakcie którego mierzone są: czas reakcji, zdolności pamięciowe, szybkość przetwarzania informacji, funkcje wykonawcze mózgu. Test dokumentuje pracę mózgu sportowca, gdy ten jest zdrowy.

Jeśli taki sportowiec w sezonie dozna wstrząśnienia mózgu, lekarze mogą ponownie przeprowadzić test, by porównać nowe wyniki z wynikami testu sprawdzającego. To porównanie pozwala im określić, do jakich szkód doszło, dzięki czemu możliwe jest jak najlepsze zaplanowanie leczenia. Odwrotność tej zasady może być zastosowana w uczeniu się języka miłości twojej żony. Jeśli naprawdę chcesz się nauczyć języka dotyku, zastanów się nad przeprowadzeniem „testu sprawdzającego" to, jak wygląda kwestia dotyku między wami.

Pod koniec dnia, gdy twoja żona pójdzie już spać, zastanów się, do jakich fizycznych interakcji doszło między wami. Zapisz sobie, ile razy:

- pocałowałeś ją,
- przytuliłeś ją,
- trzymałeś jej dłoń,
- uściskałeś ją,
- dotknąłeś stopą jej nogi pod stołem,
- objąłeś ją w pasie,
- przybiliście piątkę,
- urządziliście sobie zapasy,
- głaskałeś ją po ręce,
- poprawiłeś jej włosy,
- pogłaskałeś ją po plecach,
- doszło między wami do innego rodzaju znaczącego, celowego, pełnego uczuć kontaktu fizycznego.

Tworząc tę listę, bądź tak dokładny i szczegółowy, jak to tylko możliwe. Oprzyj się pokusie zawyżania danych, żeby lepiej wypaść. Pamiętaj, że szukasz punktu odniesienia – danych, z którymi można będzie porównać stan późniejszy. Poza tym nikt oprócz ciebie nie musi widzieć tej listy.

Gdy już będziesz miał w miarę konkretne pojęcie o tym, jak wiele dotyku dostarczasz żonie w ciągu dnia, możesz zacząć szukać możliwości poprawy. Jeśli na przykład okaże się, że bardzo często powtarzasz jeden określony gest, sprawdź, jakie inne odmiany dotyku nie występują odpowiednio często na twojej liście, i spróbuj częściej je stosować. Przetwarzaj dane, wyznaczaj sobie cele i planuj strategie działania. A gdy już ułożysz taką strategię, zaznacz w kalendarzu daty dokonywania ponownych ewaluacji i sprawdzania postępów. Porównaj dane z pierwszymi wynikami: dowiesz się, co udało ci się poprawić, a co jeszcze wymaga pracy.

Miły dotyk

Ze względów anatomicznych dotyk może być tym językiem miłości, w którym najłatwiej jest postawić pierwsze kroki. Receptory dotyku znajdują się na całej powierzchni ludzkiego ciała. Dotknięcie niemal każdego miejsca na ciele twojej żony może być oznaką miłości. Tak w każdym razie jest w teorii. W rzeczywistości **nie wszystkie rodzaje dotyku są sobie równe** - niektóre są przyjemniejsze od innych. Najlepszym nauczycielem będzie, rzecz jasna, osoba, która ma być dotykana - czyli w tym przypadku twoja żona. To przecież ją chcesz kochać i to ona wie najlepiej, co uznaje za dotyk przepełniony miłością. Nie próbuj dotykać jej na swój sposób i wtedy, gdy ty tego chcesz. Naucz się mówić jej dialektem.

Może ci się to nie podobać, ale dla twojej żony niektóre rodzaje dotyku mogą być drażniące lub niewłaściwe. Taki dotyk komunikuje coś przeciwnego miłości – sugeruje, że nie reagujesz na jej potrzeby i niezbyt troszczysz się o to, co ona uznaje za przyjemne. **To, że jakiegoś rodzaju dotyk jest przyjemny dla ciebie, nie oznacza, że będzie dawał przyjemność twojej żonie.** Niektóre odmiany dotyku są bardzo wyraziste i wymagają pełnego zaangażowania. Do kategorii tej z pewnością należy gra wstępna i sam akt płciowy (o których za chwilę powiem więcej), podobnie jak zmysłowy masaż pleców. Taki dotyk zazwyczaj będzie wymagał od ciebie więcej czasu i wysiłku, nie tylko jeśli chodzi o dotyk sam w sobie, ale też o zrozumienie, jak w ten sposób komunikować żonie miłość. Jeśli wyraźnym komunikatem miłości jest dla niej masaż pleców, to dobrym pomysłem będzie zainwestowanie czasu, pieniędzy i energii w naukę dobrego wykonywania masażu.

Jedyny dotyk, jakim powinieneś się posługiwać, to taki, który daje przyjemność twojej żonie.

Inny dotyk może być przelotny i mniej wyrazisty, jak na przykład położenie ręki na ramieniu twojej żony, gdy nalewasz jej kawę, albo otarcie się o nią, kiedy mijacie się w kuchni. Taki dotyk nie wymaga czasu, lecz wymaga zastanowienia, zwłaszcza jeśli dotyk nie jest twoim ojczystym językiem miłości i nie dorastałeś w rodzinie, w której dotyk byłby ważny. Siedzenie blisko siebie, gdy oglądacie ulubiony program w telewizji, nie wymaga dodatkowego czasu, a może być wyraźnym sygnałem miłości. Dotknięcie żony, gdy przechodzisz przez pokój, w którym akurat siedzi, zajmuje krótką chwilkę. Dotknięcie się, kiedy wychodzicie z domu i gdy do niego wracacie, może być tylko krótkim pocałunkiem lub uściskiem, ale do twojej żony przemówi bardzo mocno.

Kiedy już odkryjesz, że ojczystym językiem miłości twojej żony jest dotyk, to sposoby wyrażania miłości ogranicza jedynie twoja wyobraźnia. Ekscytujące może być wymyślanie nowych sposobów i miejsc, których można dotknąć.

Jeśli nigdy nie dotykaliście się pod stołem, może się okazać, że właśnie to doda waszym wspólnym obiadom pikanterii. Jeśli nie jesteś przyzwyczajony do trzymania się za ręce w miejscu publicznym, może się okazać, że zbiornik na miłość twojej żony wypełni się tylko dlatego, że spacerowaliście po parku, trzymając się za ręce. Jeśli zwykle nie całujecie się, gdy wsiadacie do samochodu, może się okazać, że taki gest zasadniczo wzbogaci waszą podróż. Uściskanie jej przed wyjściem na zakupy może być nie tylko wyrazem miłości, ale też przyczyną, dla której żona wróci z tych zakupów szybciej.

Próbuj nowych odmian dotyku w nowych miejscach i niech żona da ci znać, czy jest to dla niej przyjemne. Pamiętaj, że to jej zdanie jest najważniejsze. Ty dopiero uczysz się mówić jej językiem miłości.

Odrębna kategoria

Można chyba wybaczyć prawdziwemu mężczyźnie, którym rządzi testosteron, że uśmiechnie się przebiegle, kiedy dowie się, że jego żona doświadcza miłości przede wszystkim przez dotyk. To jak wygrać los na loterii języków miłości – w końcu dotyk to także seks, prawda?

- Być może.
- Niekoniecznie.
- Zależy od twojej żony.

Są takie żony, które czują nasycenie emocjonalne dzięki intymności miłości fizycznej. Inne żony mogą oddzielać seks od pozostałych odmian dotyku. Tak czy inaczej, trzeba mieć w pamięci, o czyich potrzebach jest tu mowa. Celem dążenia do płynnego posługiwania się językiem dotyku nie jest zaspokojenie własnego pożądania, ale sprawienie, by twoja żona czuła, że ją kochasz i troszczysz się o nią. Jeśli wyczuje, że twoje starania dotyczące dotyku mają być tylko wstępem do seksu (sposobem na „wprowadzenie jej w odpowiedni nastrój"), może je odrzucić. A przy okazji ty stracisz wiarygodność.

Żona musi wiedzieć, że twój cel jest szczery, intencje szlachetne, a twoje wysiłki skupiają się na niej. Jeśli oznacza to usunięcie seksu poza jej język miłości, niech tak będzie. Fizyczną bliskość możecie osiągnąć w inny sposób.

Dotyk to nie inna nazwa gry wstępnej.

W kwestii dotyku i seksu należy poruszyć trzy kwestie. Pierwsza wiąże się z odpowiednim i nieodpowiednim dotykaniem. Pamiętaj, że **to twoja żona ustala zasady**. Jeśli nie sprawia jej przyjemności dotyk bliski obmacywaniu, powinna być w stanie ci to powiedzieć. Dzięki temu będziesz mógł odpowiednio zmienić swoje działania. Musisz uszanować jej uczucia.

Po drugie, fakt, że reakcja twojej żony na dotyk jest tak brzemienna w skutki oznacza, że jakakolwiek zdrada w tym wymiarze będzie dla niej druzgocąca o wiele bardziej niż dla innych ludzi. Akta terapeutów małżeństw są pełne przypadków mężów i żon, którzy zmagają się z emocjonalną traumą małżeńskiej niewierności. Uraz jest silniejszy w przypadku osób, których ojczystym językiem miłości jest dotyk. Myśl, że upragniona przez twoją żonę miłość została skierowana ku komuś innemu, może być dla niej nie do zniesienia. Jej zbiornik na miłość nie wyschnie – on zostanie rozsadzony. Tylko bardzo głęboka terapia może naprawić takie zniszczenia.

Po trzecie, jeśli stosunek płciowy faktycznie okaże się głównym dialektem twojej żony, nic nie powinno przeszkodzić ci w stawaniu się dla niej najlepszym kochankiem, jakim tylko mógłbyś być. Im więcej czytasz i rozmawiasz z nią o sztuce miłości fizycznej, tym lepiej będziesz wyrażał swoją miłość w ten właśnie sposób.

Gdy jest najbardziej potrzebny

O ile dotyk jest istotny w codziennych okolicznościach, to jest wręcz niezbędny w sytuacjach kryzysowych. Nawet ludzie, dla których dotyk nie jest ojczystym językiem miłości, instynktownie poszukują go w chwilach zagrożenia, straty i wstrząsu. Im poważniejsza sytuacja, tym chętniej będziemy się przytulać lub ściskać dłonie. Oto najlepszy dowód na możliwości wyrażania miłości za pomocą dotyku. W sytuacji kryzysowej przede wszystkim chcemy czuć się kochani. Nie zawsze możemy zmienić bieg wydarzeń, ale jeśli czujemy się kochani, jesteśmy w stanie te wydarzenia przetrwać.

Kryzysy pojawiają się w każdym małżeństwie. Niektóre można przewidzieć, innych nie. Nie da się uniknąć śmierci rodziców. Co roku w wypadkach samochodowych giną lub odnoszą obrażenia tysiące ludzi. Choroba nie ma względu na osoby. Rozczarowania to zwykły element życia. A najważniejsze, co możesz zrobić dla swojej żony w sytuacji kryzysowej, to kochać ją. Jeśli jej ojczystym językiem miłości jest dotyk, nic nie będzie ważniejsze niż przytulenie jej, gdy płacze. Twoje słowa mogą znaczyć niewiele, lecz dotyk będzie komunikatem twojej troski. Kryzys daje

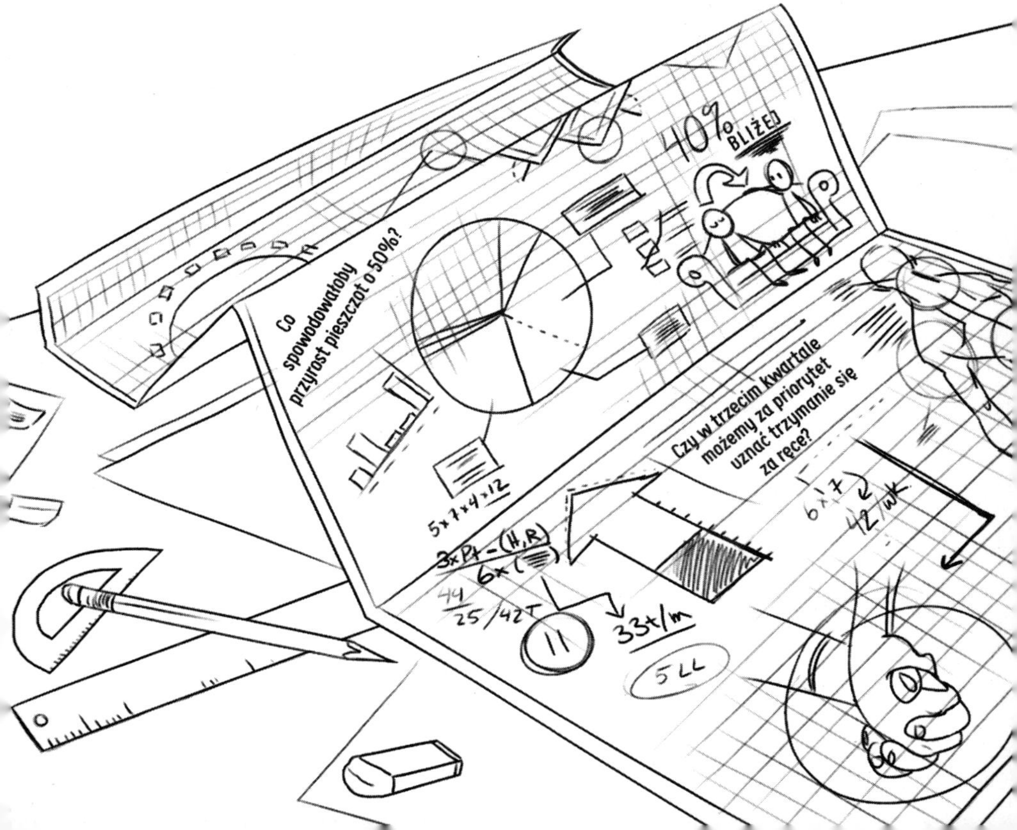

wyjątkową możliwość wyrażania miłości. Ważne jest wykorzystanie takiej możliwości. Twój czuły dotyk zostanie zapamiętany na długo po przeminięciu kryzysu. Brak dotyku z twojej strony może nigdy nie zostać wybaczony.

DOTYK – PORADY

Pomyśl o tym, jak o zestawie ratunkowym w komunikowaniu miłości w języku dotyku. Jeśli brakuje ci pomysłów na okazanie żonie miłości za pomocą dotyku, wykorzystaj poniższe sugestie:

+ Niech dotykanie twojej żony stanie się czymś normalnym. Kiedy czyta, pogładź jej włosy. Gdy pracuje w kuchni, dotknij jej ręki. Nawet najdrobniejsze gesty mogą z czasem stworzyć poczucie intymności.

+ Zacznij przytulać i całować żonę, gdy żegnacie się rano, gdy wracacie wieczorem do domu, zanim położycie się spać. Bardzo łatwo o tym zapomnieć, zwłaszcza jeśli jesteście małżeństwem już od dłuższego czasu.

+ Zmień swoje codzienne zwyczaje, by umożliwić więcej fizycznego kontaktu między tobą i twoją żoną. Jeśli każde z was ma swoje ulubione krzesło, ustawcie je blisko siebie. Zamieńcie się stronami łóżka. Dziwność nowego porządku najpewniej da wam nieoczekiwane możliwości, jeśli chodzi o dotyk.

+ Jeśli w restauracji zazwyczaj siadacie naprzeciwko siebie, następnym razem usiądźcie obok siebie. Jeśli zazwyczaj siadacie obok siebie, następnym razem usiądźcie naprzeciwko i dotknijcie się nogami pod stołem.

+ Umówcie się któregoś wieczoru na eksperymentalną sesję, by sprawdzić, gdzie twoja żona lubi być dotykana. Poproś, żeby wskazywała ci swoje reakcje, gdy dotykasz różnych miejsc na jej ciele. Zapamiętaj miejsca, w których reakcja była pozytywna.

+ Poszukaj stron internetowych, filmów na DVD i książek o różnych technikach masowania ciała. Eksperymentuj i sprawdź, jakie metody podobają się twojej żonie najbardziej.

+ Przypomnij sobie wasze pierwsze randki i przywołaj dreszczyk dotyku, który teraz może jest już czymś normalnym. Następnym razem, gdy będziecie sami, spróbuj wrócić do tych pierwszych ekscytacji.

+ Gdy następnym razem będziesz coś kupował swojej żonie, szukaj przedmiotów odpowiadających jej naturze: rzeczy, które są przyjemne w dotyku, jak sweter z kaszmiru, pluszowa poduszka, ciepłe i puszyste kapcie.

+ Gdy twoja żona się rozchoruje, pamiętaj o uleczającej mocy dotyku. Jeśli boli ją głowa, zaproponuj masaż karku i skroni. Jeśli jest przeziębiona albo ma grypę, często nacieraj jej czoło.

+ Jeśli macie dzieci, naucz je, jak okazywać mamie miłość za pomocą dotyku. Niech rodzinną tradycją będzie trzymanie się za ręce w trakcie modlitwy. Zachęć swoje dzieci, by nie szczędziły uścisków. Im częściej będziesz przykładem dobrych fizycznych gestów w stosunku do swojej żony, tym bardziej jest prawdopodobne, że twoje dzieci zaczną robić to samo.

+ Przez jakiś czas komunikuj się z żoną wyłącznie za pomocą dotyku. Nie mów nic, gdy obsypujesz ją fizycznymi wyrazami swoich uczuć.

+ Jeśli w łóżku żona odwraca się do ciebie plecami, napisz palcami na jej plecach krótką wiadomość i sprawdź, czy potrafi odgadnąć, co piszesz (UWAGA! wiadomość „Kocham cię” spowoduje dużo ciekawszą reakcję niż „Poodkurzaj”).

rozdział 7

Jakimi językami mówicie?

Być może już patrząc na listę pięciu języków miłości, wiedziałeś, jak jest w przypadku twojej żony. Może przeczytałeś rozdział o wyrażeniach afirmatywnych czy drobnych przysługach i powiedziałeś: „Dokładnie! Taki właśnie jestem!" albo „Moja żona **zdecydowanie** taka jest!". A może jednak tak się nie stało?

Dla wielu osób odkrywanie ojczystego języka miłości (własnego albo współmałżonka) może być pewnym wyzwaniem. Wskazówki nie zawsze są tak wyraźnie widoczne, jak byśmy tego chcieli. Nie ma w tym nic dziwnego - jesteśmy przecież złożonymi stworzeniami, mamy rozmaite zainteresowania, reagujemy na różnego rodzaju bodźce. Nie ma żadnego powodu, by ludziom wydawało się, że mogą nas szybko rozpracować.

W wyniku tej złożoności wiele par ma błędne założenia, jeśli chodzi o języki miłości. Ile żon ma szuflady pełne biżuterii, wypchane zwierzęta, szykowną bieliznę i inne prezenty, które zdaniem ich mężów miały je uszczęśliwić? Ilu mężów skręca się z zakłopotania na wspomnienie wyrażeń afirmatywnych, które nie osiągnęły swego celu? Ilu małżonków długo chowa urazę z powodu drobnych przysług, których druga osoba nie zauważyła? Ilu z nich „docenia" to, co małżonek chce zrobić, ale w rzeczywistości życzyłoby sobie mniej dobrego czasu lub dotyku?

Oficjalny język miłości wszystkich mężczyzn?

Można też zapytać, jak wiele osób myliło się i błędnie wskazywało swoim małżonkom swój język miłości. Mężczyźni są szczególnie podatni na oszukiwanie się w tej dziedzinie z jednego prostego powodu. SEKS.

Większość mężczyzn przyzna, że seks jest dla nich bardzo satysfakcjonujący - tak bardzo, że zakładają oni, iż ich ojczystym językiem miłości jest dotyk, a dialektem - akt płciowy. Wydaje się to logiczne, nieprawdaż? Otóż niekoniecznie.

Jak bez wątpienia pamiętasz z lekcji wychowania seksualnego lub biologii, popęd seksualny u mężczyzn uwarunkowany jest fizycznie. Pragnienie kontaktu seksualnego jest spowodowane nagromadzeniem płynu nasiennego w pęcherzykach nasiennych. Gdy pęcherzyki te są pełne, pojawia się fizyczna potrzebna zmniejszenia ciśnienia. Czyli pragnienie zbliżenia seksualnego jest u mężczyzn zakorzenione w ich fizyczności. Niekoniecznie musi wiązać się z ich językiem miłości. Jeśli nie jesteś pewien, czy dotyk jest twoim ojczystym językiem miłości, zastanów się, czy lubisz kontakt fizyczny poza sypialnią. Czy dobrze na ciebie działa trzymanie się za ręce, masowanie pleców, czułe pieszczoty? Jeśli nie, dotyk może nie być twoim językiem miłości.

Pożądanie seksualne różni się od emocjonalnej potrzeby miłości. Nie oznacza to, że seks nie jest ważny dla osoby, która posługuje się językiem innym niż dotyk. Owszem, jest **niezwykle** ważny. Ale sam seks nie zaspokoi potrzeby miłości takiego męża. Jego żona musi także przemówić w jego ojczystym języku miłości. Gdy to się stanie i jego zbiornik na miłość wypełni się po brzegi, a on przemówi w jej ojczystym języku miłości i jej zbiornik na miłość także będzie pełny, seksualny wymiar ich związku najpewniej sam się dobrze ułoży. Większość problemów natury seksualnej w małżeństwie ma niewiele wspólnego z umiejętnościami technicznymi, natomiast ściśle wiąże się z problemem zaspokajania potrzeb emocjonalnych.

Poznaj samego siebie

Jaki zatem jest **twój** ojczysty język miłości? Dzięki czemu najmocniej odczuwasz miłość swojej żony? Czego pragniesz najbardziej? Jeśli odpowiedź na te pytania nie przychodzi ci do głowy od razu, spróbuj zmienić podejście. Pomyśl o **negatywnej** stronie języków miłości. Jakie słowa lub zachowania twojej żony (albo brak jakich słów i zachowań) zadają ci największy ból? Twoje odpowiedzi będą wskazówkami. Jeśli na przykład największy ból zadają ci krytyczne słowa żony, to twoim ojczystym językiem miłości mogą być wyrażenia afirmatywne.

To ma sens, prawda? Jeśli żona w sposób negatywny używa twojego języka miłości, czyli robi przeciwieństwo tego, czego pragniesz, to jej zachowania będą cię bolały bardziej niż kogoś innego. W takim przypadku żona nie tylko nie posługuje się twoim językiem miłości, ale używa tego języka jako broni przeciwko tobie. Jeśli smucisz się tym, że twoja żona rzadko daje ci prezenty z jakiejś okazji, to twoim językiem miłości może być język podarunków.

Jeśli najmocniej rani cię to, że żona rzadko spędza z tobą czas, można spokojnie założyć, iż twoim ojczystym językiem miłości jest dobry czas.

Innym sposobem odkrywania swojego ojczystego języka miłości jest przyjrzenie się swemu małżeństwu i zadanie sobie pytania, o co najczęściej prosisz swoją żonę. Odpowiedź na to pytanie najpewniej ujawni twój ojczysty język miłości. Twoje prośby mogą czasem być uznawane za zadręczanie, ale tak naprawdę są próbą uzyskania od niej miłości. Podobnie najczęstsze rodzaje próśb kierowanych przez twoją żonę prawdopodobnie wskażą jej ojczysty język miłości.

Jeszcze innym sposobem odkrycia twojego ojczystego języka miłości jest przyjrzenie się temu, co mówisz lub robisz, by wyrazić swoją miłość do żony. Jest dość prawdopodobne, że to, co robisz dla niej, jest tak naprawdę tym, czego pragniesz dla siebie. Jeśli często wyświadczasz jej drobne przysługi, być może (choć nie zawsze) to właśnie jest twój język miłości. Jeśli wyrażenia afirmatywne komunikują ci miłość, to zapewne sam często ich używasz, zwracając się do swojej żony. Możesz odkryć własny język miłości, pytając siebie: „Jak świadomie wyrażam miłość do żony?".

Te sposoby mogą wskazać, jaki jest twój potencjalny język miłości – nie dają natomiast pewności w tej kwestii.

WYRAŻENIA AFIRMATYWNE
„Gdybym kiedykolwiek usłyszał komplement z jej ust, chyba umarłbym z wrażenia".

DOBRY CZAS
„Trochę jakby miała czas dla wszystkich oprócz mnie".

DROBNE PRZYSŁUGI
„Dlaczego tylko mnie zależy na tym, by w kuchni było czysto?"

PODARUNKI
„Pojechała do Waszyngtonu, a ja nie dostałem nawet głupiej koszulki stamtąd".

DOTYK
„Czy ja mam jakąś chorobę skóry?"

Na przykład mąż, który od ojca nauczył się okazywania miłości żonie za pomocą miłych prezentów, wyraża swoją miłość do własnej żony, powtarzając to, co robił jego ojciec, a jednak podarunki mogą nie być jego ojczystym językiem miłości. Taki mąż robi tylko to, czego nauczył się od własnego ojca.

MÓW ZA SIEBIE

„Za każdym razem, gdy zastanawiam się nad ostatnią dekadą naszego małżeństwa i myślę o tym, o co prosiłam Petera najczęściej, mój język miłości staje się oczywisty. Najczęściej prosiłam go o dobry czas. Bez przerwy prosiłam o to, żebyśmy pojechali na piknik, wyjechali gdzieś na weekend, wyłączyli choć na godzinę telewizor i porozmawiali ze sobą, poszli na spacer i tak dalej. Czułam się odrzucona i niekochana, bo Peter rzadko reagował na tego rodzaju prośby. Sam dawał mi ładne upominki na urodziny czy przy innych okazjach i dziwił się, że one mnie nie cieszą".

Elisabeth

SŁUCHAJ KRYTYKI

Małżonkowie zazwyczaj krytykują się nawzajem najmocniej w tych dziedzinach, w których ich własne potrzeby emocjonalne są największe. Krytyka z ich ust staje się nieskutecznym sposobem wołania o miłość. Jeśli to zrozumiemy, będziemy w stanie lepiej wykorzystać krytykę, z jaką się spotykamy.

Kiedy usłyszysz słowa krytyki z ust swojej żony, możesz powiedzieć: „To chyba jest dla ciebie bardzo ważne. Czy możesz mi wyjaśnić dlaczego?". Krytyka często wymaga dopowiedzenia. Zainicjowanie takiej rozmowy może zmienić krytykę w prośbę, nie w żądanie.

Powiedzmy, że Kristina krytykuje swojego męża Jeffa za jego ulubione hobby – polowanie. Kristina wie, że w trakcie polowań Jeff się relaksuje i może spędzić trochę czasu poza domem, z przyjaciółmi, co jest mu bardzo potrzebne. A jednak Kristina za każdym razem skarży się na te polowania, gdyż twierdzi, że jej mąż nigdy nie poświęca tyle swojego czasu.

W rzeczywistości krytyka z jej strony nie musi być wyrazem jej nienawiści do polowań. Być może Kristina uważa, że polowanie jest tym zajęciem, które uniemożliwia Jeffowi odkurzanie domu czy koszenie trawy. Jeśli Jeff nauczy się zaspokajać jej potrzebę miłości, mówiąc jej językiem (językiem drobnych przysług), Kristina najpewniej zacznie wspierać jego pasję myśliwską.

Zbyt podobne, by można rozróżnić

Jeśli wydaje ci się, że dwa języki miłości są dla ciebie równie ważne, czyli oba przemawiają do ciebie równie mocno, być może jesteś dwujęzyczny. Jeśli tak jest, ułatwiasz sprawę swojej żonie. Dajesz jej dwie możliwości napełnienia twojego zbiornika na miłość, a każda z nich będzie dla ciebie równie mocnym sygnałem przywiązania.

Jeśli chcesz poznać definitywną odpowiedź albo poważniej podejść do swojego języka miłości, możesz zrobić test profilujący pięciu języków miłości, który znajduje się na końcu tej książki. Dobrze zastanów się nad odpowiedziami, a kiedy skończysz test, porozmawiaj o jego wynikach ze swoją żoną. Dowiedz się, co ona o tym myśli – czy rozpoznaje ten język w tobie? Następnie poproś, by sama zrobiła taki test.

Jeśli test nie da ci jednoznacznej odpowiedzi, nie poddawaj się. Zauważyłem, że z odkrywaniem swojego ojczystego języka miłości problem mogą mieć dwie grupy ludzi: pierwsza to osoby, których zbiornik na miłość od dawna jest wypełniony. Żona wyraża swoją miłość do męża na tak wiele różnych sposobów, że on sam nie wie, dzięki czemu najlepiej odczuwa miłość. Biedny gość. Gdybyśmy tylko wszyscy mieli takie problemy...

Drugą grupę stanowią osoby, których zbiornik na miłość jest pusty od tak dawna, że nie pamiętają już, w jaki sposób odczuwają miłość. Okoliczności prowadzące do tak opłakanego stanu mogą być rozmaite, ale cechą wspólną takich osób jest pewność, że ich stan nie musi trwać wiecznie. Języki miłości nie znikają, choć mogą trwać w ukryciu, czekając, aż ktoś je odkryje.

Najlepszym sposobem na odzyskanie swojego języka miłości jest przypomnienie sobie stanu zakochania i zastanowienie się, co w tamtej fazie lubiłeś w swojej żonie, jakie jej słowa lub zachowanie sprawiały, że chciałeś z nią być. Jeśli jesteś w stanie przywołać takie wspomnienia, będziesz mógł ocenić, jaki jest twój ojczysty język miłości.

Chciałem też zasugerować, żebyś poświęcił na to trochę czasu i zapisał na kartce, co według ciebie jest twoim ojczystym językiem miłości. Następnie uporządkuj pozostałe cztery języki w zależności od ich znaczenia. Zapisz też, co twoim zdaniem jest ojczystym językiem miłości twojej żony (możesz ustalić kolejność pozostałych czterech języków także w jej przypadku). Poproś żonę, żeby zrobiła to samo. Usiądźcie razem i przedyskutujcie wasze typy. A potem omówcie to, co według was jest waszym ojczystym językiem miłości.

Jednym z najlepszych sposobów potwierdzenia tych ustaleń jest zagranie z żoną w „sprawdzanie zbiornika".

GRA W SPRAWDZANIE ZBIORNIKA

Liczba graczy: dwoje (ty i twoja żona)

Częstotliwość: trzy razy w tygodniu przez trzy tygodnie

Jak grać: Po powrocie do domu wieczorem twoja żona rozpoczyna grę, pytając: „W jakim stanie jest dzisiaj twój zbiornik na miłość w skali od zera do dziesięciu?". Zero oznacza, że zbiornik jest pusty, a dziesięć – że jesteś przepełniony miłością i więcej nie możesz przyjąć. Podając, jaki jest stan twojego zbiornika, wskazujesz, w jakim stopniu jest on wypełniony.

Wtedy twoja żona pyta: „Co mogę zrobić, żeby pomóc ci w wypełnieniu zbiornika?". Wtedy nadchodzi czas na zasugerowanie, co chciałbyś, żeby żona zrobiła lub powiedziała danego dnia, a ona na pewno postara się jak najlepiej spełnić twoją prośbę.

Następnie zadaj żonie te same pytania, dzięki czemu oboje będziecie mogli dokonać odczytu stanu zbiorników na miłość i zasugerować sposób ich wypełniania. Po trzech tygodniach gra bardzo wam się spodoba; może to być przyjemny sposób pobudzania do okazywania miłości w małżeństwie.

Co dalej?

Jak już wspomnieliśmy, większość ludzi bierze ślub z osobą, której ojczysty język miłości jest odmienny niż ich własny język. Jeśli właśnie tak jest z tobą i twoją żoną, spróbujcie porozmawiać o różnicach między wami.

Na przykład twoim ojczystym językiem miłości jest dotyk, a językiem twojej żony - dobry czas. Co to oznacza? Zacznijcie rozmowę od kwestii bardziej praktycznych. Na pewno oznacza to, że twoja żona najbardziej lubi okazywać swoją miłość, spędzając z tobą czas, robiąc to samo co ty. Oznacza to też, że ty będziesz czuł się najlepiej, okazując swojej żonie miłość przez pocałunki, uściski, pieszczoty czy masaż.

Zatrzymajcie na chwilę rozmowę w tym punkcie. Rozmawialiście o tym, co lubicie robić. Niestety to, co lubisz ty, niekoniecznie musi podobać się twojej żonie. Jeśli chcesz płynnie mówić językiem miłości żony, musisz wyjść poza to, co lubisz, a żona powinna uczynić to samo dla ciebie. Zrobienie tego kroku, przedłożenie potrzeb żony nad własną wygodę, samo w sobie jest aktem miłości. Pokazujesz w ten sposób, że jesteś gotów zrobić wszystko, by wasz związek był lepszy i mocniejszy, by twoja żona czuła się kochana.

Ważne, byś pamiętał o tym poświęceniu, o chęci wyjścia poza coś, co lubisz, zawsze gdy złoszczą lub frustrują cię wysiłki twojej żony, która próbuje komunikować się za pomocą twojego języka miłości. Pamiętaj - dla niej to nie jest język ojczysty. Ona także wyszła poza to, co lubi -

dla ciebie. Powinieneś okazać jej wdzięczność i docenić ją. Może te wysiłki nie zawsze będą zgrabne czy skuteczne, ale na pewno szczere. Im więcej dajecie sobie swobody i okazujecie zrozumienia, gdy próbujecie się uczyć swoich języków miłości, tym większy sukces uda się wam odnieść.

W SKRÓCIE:

ODKRYWANIE SWOJEGO JĘZYKA MIŁOŚCI

Jeśli nie masz teraz czasu na przeczytanie całego tego rozdziału, oto kluczowe informacje w ultraskondensowanej formie.

Jeśli chcesz zidentyfikować swój ojczysty język miłości, zadaj sobie trzy pytania:

1. Co z rzeczy, które robi (lub których nie robi) twoja żona, boli cię najmocniej? Przeciwieństwo tego, co cię najbardziej boli, prawdopodobnie jest twoim językiem miłości.

2. O co najczęściej prosisz swoją żonę? Prawdopodobnie właśnie to sprawiłoby, że najlepiej odczułbyś jej miłość.

3. W jaki sposób najczęściej wyrażasz miłość do swojej żony? Twój sposób wyrażania miłości może być tym samym sposobem, dzięki któremu sam poczujesz się kochany.

rozdział 8

Rozwiązywanie problemów

W świecie idealnym każdy człowiek odkrywałby język miłości drugiej osoby już na pierwszej randce, a wraz z rozwojem związku komunikacja między nimi i wzajemne zrozumienie byłyby coraz lepsze. Wysiłki na rzecz płynnego posługiwania się danym językiem pokrywałyby się z zakochiwaniem się. Jeszcze przed ślubem partnerzy byliby dwujęzyczni, jeśli chodzi o języki miłości.

Nie żyjemy w świecie idealnym. Żyjemy w świecie, w którym zespół New York Yankees potrafi zdobyć dwadzieścia siedem tytułów mistrza świata w baseballu w ciągu sześćdziesięciu ośmiu lat, a drużyna Chicago Cubs nie zdobywa ani jednego tytułu w ciągu ponad stu lat. Zostawmy baseball. Prawda jest taka, że wiele par pozwala, by stan zakochania, ekscytacja nowością wprowadziły je w małżeństwo, zanim w ogóle uda im się zastanowić nad swymi językami miłości. A potem zapracowanie i codzienność nie zostawiają im zbyt wiele czasu i energii na naukę. Dlatego robią, co mogą: trzymają się tego języka, który znają, i mają nadzieję, że się uda.

Niestety nadzieja to kiepska obrona przed czyhającymi w przyszłości niebezpieczeństwami:

- nerwami,
- błędami,
- frustracjami,
- obawami,
- niezadowoleniem,
- nudą,
- niezgodnością,
- pokusami,
- urazami,
- problemami.

Z czasem każda para odkrywa, że korzystanie z tego, co się dobrze zna, działa tylko do pewnego stopnia (o ile w ogóle działa). Nieważne, co robią, ich wysiłki nigdy nie wydają się wystarczająco dobre, współmałżonek nigdy nie jest zadowolony. Zakochanie, które przywiodło ich przed ołtarz, minęło, a została dwójka ludzi, którzy właściwie nie przypominają pary gołąbków ze zdjęcia ślubnego.

Niezależnie od tego, czy kiedykolwiek powiedzą to na głos, mężowie i żony, którzy nie chcą dopuścić do rozwodu i pragną zostać ze sobą, muszą podjąć decyzję. **Pierwsza możliwość to obniżenie oczekiwań i pogodzenie się z nowym stanem rzeczy.** Można wybrać życie w mało satysfakcjonującym związku i być razem z innych powodów. Może chodzić o dobro dzieci. Pozostanie małżeństwem oznacza mniej problemów i wydatków niż rozwód. Może między małżonkami nie ma nienawiści. Może chcą uniknąć wielkiej zmiany, która ich przeraża.

Druga możliwość to próba dotarcia do tego, co nie działa w związku, i praca na rzecz poprawy tego stanu - odmowa przystania na *status quo*, szukanie nowych kreatywnych sposobów wzajemnego okazywania sobie miłości i przywiązania.

Podjęcie trudnej decyzji

Drugi wariant to lepsze wyjście, ale z pewnością nie łatwiejsze, zwłaszcza jeśli w związku wyrządzono już pewne szkody. Każde małżeństwo ma swoje wzloty i upadki, jednak w niektórych przypadkach wzloty nie są tak wysokie, jak marzyliśmy, a upada się głębiej i trwa to dłużej, niż przewidywaliśmy.

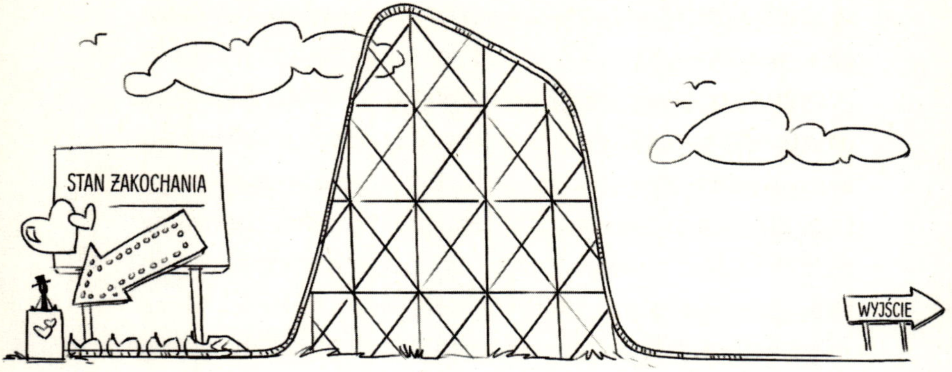

Z czasem owe upadki (a jednocześnie zdarzenia i okoliczności, które je spowodowały) mogą zacząć zbierać żniwo. **Dawne urazy, niezgody i błędy zaczynają szkodzić bliskości.** Rany zadane podczas dawnych walk emocjonalnych mogą sprawić, że małżonkowie nie będą mieli ochoty ze sobą rozmawiać o tym, jak minął dzień, nie mówiąc już o komunikowaniu się w nieznanym sobie języku miłości. Małżonkowie pozwalają, by górę wzięły urazy i złość, gdy ich zbiorniki na miłość są puste albo gdy jadą na samych oparach uczucia. Pojawia się wtedy pytanie, jak przejść przez emocjonalne pole minowe, które razem stworzyli. Jak rozpocząć naprawianie lat złych słów, kiepskich wyborów, nierozwiązanych problemów, przemilczanej urazy?

Trzeba dokonać wyboru. Jak kiedyś wybrało się ustawianie tych przeszkód (krytyczne słowa, złe emocje za kierownicą, stawianie innych priorytetów ponad związkiem), tak teraz można wybrać miłość.

WŁAŚCIWE SŁOWA

Powiedzmy, że dokonałeś pewnych wyborów, z których nie jesteś dumny, nawet jeśli w swoim czasie mogły się wydawać słuszne. Powiedzmy, że wybory te niszczą twój związek. Co zrobić? Co powiedzieć?

Po pierwsze, musisz przyznać, że nikt nie nakazuje ci dokonywać właśnie takich wyborów. Możesz zdecydować się na coś innego, na coś, co przyniesie więcej korzyści twojemu małżeństwu. Po drugie, musisz zebrać się na odwagę i powiedzieć żonie: „Przepraszam, wiem, że cię zraniłem, chciałbym, by w przyszłości było inaczej. Chciałbym posługiwać się twoim językiem miłości, chciałbym zaspokajać twoje potrzeby". Widziałem wiele małżeństw, które uratowały się przed rozwodem, ponieważ małżonkowie postanowili kochać.

Miłość nie wymazuje przeszłości, ale może zmienić przyszłość. Gdy postanawiamy aktywnie wyrażać naszą miłość w ojczystym języku żony, tworzymy emocjonalny klimat, w którym można sobie poradzić z minionymi konfliktami i błędami.

Gdzie się podziała nasza miłość?

Siedzący w moim gabinecie Brent miał kamienną twarz i na pozór nie doświadczał żadnych emocji. Nie przyszedł tu z własnej woli, ale na moją prośbę. Tydzień wcześniej w tym samym fotelu siedziała zapłakana Becky, jego żona. Między kolejnymi wybuchami płaczu zdołała powiedzieć, że Brent oznajmił, iż już jej nie kocha i zamierza od niej odejść. Becky była wstrząśnięta.

Gdy odzyskała panowanie nad sobą, stwierdziła:

– Oboje tak ciężko pracowaliśmy przez ostatnie dwa-trzy lata. Wiedziałam, że nie spędzamy ze sobą tyle czasu co wcześniej, ale myślałam, że dążymy do wspólnego celu. Nie mogę uwierzyć w to, co powiedział Brent. Zawsze był taki miły i troskliwy. Jest dobrym ojcem dla naszych dzieci. Jak on może robić nam coś takiego?

Słuchałem jej opowieści o dwunastu latach małżeństwa. Była to historia podobna do tych, które słyszałem już wielokrotnie. Okres ich narzeczeństwa był wspaniały, wzięli ślub w szczytowym momencie zakochania, początki małżeństwa wymagały typowych zmian i zaczęli podążać za amerykańskim marzeniem. W pewnym momencie zostawili za sobą emocjonalny szczyt stanu zakochania, nie nauczyli się jednak wcześniej w odpowiednim zakresie mówić swoimi językami miłości. Zbiornik na miłość Becky przez ostatnich kilka lat był wypełniony tylko częściowo, choć dzięki licznym wyrazom miłości ze strony męża wydawało się jej, że wszystko układa się dobrze.

Natomiast zbiornik na miłość Brenta był zupełnie pusty. Jego zachowanie stanowiło wyraźne przeciwieństwo postępowania Becky. Ona zalewała się łzami, on zachowywał stoicki spokój. Miałem jednak wrażenie, że on przestał płakać tygodnie albo i miesiące wcześniej, ale jego płacz był głęboko ukryty. To, co powiedział mi Brent, potwierdziło moje przeczucia.

– Ja po prostu już jej nie kocham. Nie kocham jej już od dawna. Nie chcę jej skrzywdzić, ale nie jesteśmy ze sobą blisko. W naszym małżeństwie jest pustka. Nie cieszy mnie już jej towarzystwo. Nie wiem, jak to się stało. Chciałbym, żeby było inaczej, ale ja już nic nie czuję do Becky.

Brent myślał i czuł to, co czuły i myślały tysiące mężczyzn. To właśnie myśl „Już jej wcale nie kocham" daje mężczyznom emocjonalną wolność konieczną do szukania miłości u kogoś innego. Tak samo jest w przypadku kobiet, które także korzystają z tej wymówki.

Gdy dwoje ludzi znajduje miłość

Współczułem Brentowi, bo sam kiedyś byłem w podobnym stanie: odczuwałem emocjonalną pustkę, próbowałem zrobić to, co należy robić, starałem się nie krzywdzić innych, a jednak czułem emocjonalną potrzebę szukania miłości poza małżeństwem. Na szczęście na wczesnym etapie małżeństwa poznałem różnicę między stanem zakochania a emocjonalną potrzebą odczuwania miłości. Większość z nas nie wie jeszcze o tej różnicy.

> Nie da się zaplanować zakochania w kimś. Można tylko nie opierać się temu stanowi.

Stan zakochania jest uwarunkowany instynktem. Nie jest on zamierzony – po prostu jest czymś naturalnym w kontaktach damsko-męskich. Uczucie to można podsycać albo tłumić, ale jego zaistnienie nie jest kwestią świadomego wyboru. Stan ten trwa krótko (zazwyczaj nie dłużej niż dwa lata) i zdaje się pełnić u ludzi tę samą funkcję co godowe nawoływania u gęsi kanadyjskich.

Stan zakochania czasowo zaspokaja potrzebę miłości. Dzięki niemu mamy wrażenie, że ktoś się o nas troszczy, ceni nas i podziwia. Nasze emocje buzują na samą myśl, że dla kogoś jesteśmy najważniejsi, że ktoś jest gotowy poświęcać swój czas i energię tylko związkowi z nami. Przez krótki czas (niezależnie od tego, ile to dokładnie trwa) nasza potrzeba miłości jest zaspokojona. Nasz zbiornik na miłość jest pełen, wydaje się nam, że cały świat należy do nas, nie ma rzeczy niemożliwych. Dla wielu osób to pierwszy w życiu moment, gdy ich zbiornik na miłość jest wypełniony – to uczucie graniczy z euforią.

Jednak z czasem w naturalny sposób schodzimy z tej górki emocjonalnej i wracamy do rzeczywistości. Jeśli do tej pory żona nauczyła się naszego ojczystego języka miłości, żywiona przez nas potrzeba miłości wciąż będzie zaspokajana. Ale jeśli wciąż nie mówi w naszym języku, nasz zbiornik zacznie powoli wysychać i nie będziemy się już czuć kochani.

Zaspokajanie emocjonalnych potrzeb drugiej osoby zdecydowanie jest kwestią naszego wyboru. Jeśli ja nauczę się języka miłości mojej żony i będę się nim często posługiwał, ona wciąż będzie odczuwała moją miłość. Gdy zacznie u niej mijać zakochanie, może tego nawet nie odczuć, bo jej zbiornik na miłość wciąż będzie pełen. Jeśli jednak do tego czasu nie poznam jej języka miłości albo postanowię go nie używać, gdy minie emocjonalny szczyt, w naturalny sposób ujawnią się niezaspokojone potrzeby emocjonalne żony. Po kilku latach życia z pustym zbiornikiem na miłość zapewne zakocha się w kimś innym i cykl zacznie się od początku.

Zaspokajanie potrzeby miłości mojej żony to kwestia dokonywanych codziennie wyborów. Jeśli znam jej ojczysty język miłości i posługuję się nim, spełniam jej najważniejsze potrzeby emocjonalne, a ona odnajduje w tej miłości poczucie bezpieczeństwa. Jeśli żona będzie robić to samo dla mnie, zaspokoi moje potrzeby emocjonalne i oboje będziemy mogli żyć z wypełnionymi zbiornikami. Dzięki osiągniętemu stanowi nasycenia emocjonalnego oboje skierujemy naszą kreatywną energię na istotne projekty poza małżeństwem, a nasz związek będzie się rozwijał i wciąż będzie dla nas ekscytujący.

Na pustym baku

Pamiętając o tym wszystkim, patrzyłem na śmiertelnie poważną twarz Brenta i zastanawiałem się, czy w ogóle jestem w stanie mu pomóc. Wiedziałem, że Brent pewnie doświadczył już innego stanu zakochania. Nie wiedziałem tylko, czy wciąż trwa jego faza początkowa, czy może już szczytowa. Niewielu mężczyzn, których zbiornik na miłość jest pusty, decyduje się na zerwanie małżeństwa, jeśli nie widzą możliwości zaspokojenia potrzeby miłości gdzie indziej. Brent był uczciwy i przyznał, że od kilku miesięcy kocha kogoś innego. Wcześniej miał nadzieję, że to uczucie minie, a on zdoła razem z żoną przepracować ich problemy. W domu jednak było coraz gorzej, a jego miłość do innej kobiety stawała się coraz silniejsza. Nie mógł już sobie wyobrazić bez niej życia.

Rozumiałem dylemat Brenta, który nie chciał skrzywdzić swojej żony ani swoich dzieci, ale jednocześnie czuł, że zasługuje na szczęśliwe życie. Uświadomiłem mu, że statystyki dotyczące powtórnego małżeństwa są dość ponure. Zaskoczyło go to, ale był przekonany, że uda mu się uniknąć smutnego losu. Powiedziałem mu o badaniach dotyczących wpływu rozwodu rodziców na dzieci, ale Brent uważał, że wciąż będzie dobrym ojcem, a dzieci poradzą sobie z tą traumą. Rozmawiałem z nim o tym, co jest przedmiotem niniejszej książki, wyjaśniłem mu różnice między zakochaniem a dogłębną potrzebą odczuwania miłości. Mówiłem mu o pięciu językach miłości i chciałem go nakłonić, aby dał swojemu małżeństwu z Becky jeszcze jedną szansę.

Miałem przy tym świadomość, że moje intelektualne, rozumowe podejście do małżeństwa w porównaniu ze szczytem emocjonalnym, jakiego doświadczał Brent, przypominało wiatrówkę w zestawieniu z karabinem maszynowym. Brent podziękował za moją troskę i poprosił, żebym postarał się udzielić Becky jak największego wsparcia. Stwierdził jednak, że on nie widzi nadziei dla ich małżeństwa.

Miesiąc później zadzwonił do mnie i powiedział, że chciałby jeszcze raz porozmawiać. Tym razem, gdy wchodził do mojego gabinetu, spostrzegłem, że jest czymś poruszony. Nie był tym spokojnym, chłodnym mężczyzną, jakiego poznałem wcześniej. Kobieta, w której się zakochał, zaczęła schodzić z emocjonalnego szczytu i zauważać u niego cechy, jakie jej się nie podobały. Zaczęła się wycofywać z ich związku, a to było dla Brenta druzgocące. Płakał, mówiąc mi, jak wiele ona dla niego znaczyła i że odrzucenie z jej strony było dla niego nie do zniesienia.

Przez godzinę tylko słuchałem, aż wreszcie Brent poprosił mnie o poradę. Powiedziałem mu, że bardzo mu współczuję w bólu, który odczuwa, i wytłumaczyłem, że doznaje naturalnego emocjonalnego żalu z powodu straty, a ten stan nie minie szybko. Wyjaśniłem mężczyźnie, że to doświadczenie było nieuniknione. Przypomniałem mu o ograniczonym czasie trwania stanu zakochania, o tym, że prędzej czy później zawsze wracamy do rzeczywistości. Niektórzy wychodzą ze stanu zakochania jeszcze przed ślubem, inni później. Brent zgodził się, że mimo wszystko lepiej, iż dzieje się to teraz.

Po chwili zasugerowałem, że być może ten kryzys to dobry moment na podjęcie terapii małżeńskiej z Becky. Przypomniałem mu, że prawdziwa, długotrwała miłość jest kwestią wyboru, że miłość w małżeństwie może się odrodzić, jeśli oboje z żoną nauczą się posługiwać odpowiednimi językami miłości. Brent zgodził się na terapię małżeńską i dziewięć miesięcy później wyszli z mojego gabinetu z Becky, a ich małżeństwo zostało odbudowane. Gdy trzy lata później spotkałem Brenta, powiedział mi, że w ich związku układa się wspaniale, i podziękował za pomoc w tamtym bardzo ważnym momencie jego życia. Wyznał, że od ponad dwóch lat nie żałuje utraty tamtej kobiety. Uśmiechnął się i dodał:

– Mój zbiornik na miłość nigdy nie był tak wypełniony, a Becky to najszczęśliwsza kobieta, jaką można spotkać.

Na szczęście Brent odniósł korzyść z tego, co nazywam rozchwianiem stanu zakochania. Dwie osoby niemal nigdy nie zakochują się w sobie tego samego dnia i niemal nigdy nie wychodzą z tego stanu jednocześnie. Nie trzeba być naukowcem, by odkryć tę prawdę. Wystarczy posłuchać słów kilku piosenek country. Kochanka Brenta wyszła ze stanu zakochania w wyjątkowo odpowiednim momencie.

Jak się w tym połapać

W ciągu dziewięciu miesięcy terapii pracowaliśmy z Becky i Brentem nad licznymi konfliktami, których oni sami nie potrafili dotychczas rozwiązać. Jednak **kluczem do odbudowania ich małżeństwa było odkrycie ojczystych języków miłości każdego z nich i podjęcie decyzji, że oboje będą się nimi często posługiwać**.

„A co zrobić, gdy język miłości twojego małżonka nie jest czymś, co jest dla ciebie naturalne?" – często słyszę to pytanie w czasie seminariów małżeńskich, które prowadzę. Zawsze odpowiadam: „I co z tego?".

Językiem miłości mojej żony są drobne przysługi. Jedną z takich przysług, którą wyświadczam jej regularnie, jest odkurzanie podłóg. Czy wydaje ci się, że dla mnie odkurzanie to coś przyjemnego? Moja matka zmuszała mnie do odkurzania. W okresie gimnazjum i liceum w soboty nie mogłem pograć w piłkę, dopóki nie odkurzyłem całego domu. W takie dni myślałem: „Kiedy już się stąd wyprowadzę, na pewno nie będę robił jednego: nie będę niczego odkurzał; moja żona będzie to robiła za mnie". Teraz systematycznie odkurzam nasz dom. Robię to tylko z jednego powodu – z miłości. Nie podjąłbym się odkurzania za żadne pieniądze, ale robię to w imię miłości. Jeśli bowiem jakaś czynność nie jest dla nas czymś naturalnym, staje się tym mocniejszym wyrazem naszej miłości. Moja żona wie, że gdy odkurzam dom, jest to oznaka mojej stuprocentowej, nieskażonej miłości – i spotyka mnie za to nagroda.

Ktoś może powiedzieć: „Doktorze Chapman, ale to co innego. Wiem, że językiem miłości mojej żony jest dotyk, ale ja nie jestem osobą lubiącą dotyk. Nigdy nie widziałem, żeby moi rodzice się przytulali. Nigdy też nie tulili mnie. Po prostu nie lubię dotyku. Co mam zrobić w takiej sytuacji?". Czy masz dwie dłonie? Czy potrafisz je złączyć? A teraz wyobraź sobie, że między nimi znajduje się twoja żona, którą przyciągasz do siebie. Założę się, że jeśli przytulisz ją trzy tysiące razy, zaczniesz czuć się komfortowo w takiej sytuacji.

Ostatecznie jednak nie chodzi tu o komfort. Mówimy o miłości, a miłość to coś, co robisz dla kogoś innego, nie dla samego siebie. Większość z nas codziennie robi coś, co nie przychodzi nam łatwo. Dla niektórych może to być na przykład wstawanie z łóżka – odkładamy na bok nasze odczucia i jednak wstajemy. Dlaczego? Bo wierzymy, że jest coś, co tego dnia warto zrobić, i zazwyczaj, zanim dzień się skończy, cieszymy się, że się podnieśliśmy. Nasze działania przeważają nad naszymi odczuciami.

Tak samo jest z miłością. Odkrywasz język miłości swojej żony i postanawiasz się nim posługiwać niezależnie od tego, czy przychodzi ci to łatwo. Może nie budzić to w tobie ciepłych uczuć, może cię nie ekscytować. Robisz to po prostu dla jej dobra. Chcesz zaspokajać emocjonalne potrzeby żony i starasz się mówić jej językiem miłości. W ten sposób dbasz o napełnienie jej zbiornika na miłość i możesz liczyć na wzajemność – na to, że teraz żona przemówi twoim językiem. Gdy to się stanie, odzyskasz właściwe uczucia i twój zbiornik na miłość też zacznie się wypełniać.

Miłość to kwestia wyboru i każde z nas może dokonać go już dziś.

rozdział 9

Jak wspólnie przepracować złość?

Jeśli pozostawi się złość samą sobie, może ona całkowicie zablokować oddziaływanie języków miłości. Zanim będziesz w stanie szczerze komunikować miłość swojej żonie, musisz:

- zająć się punktami zapalnymi waszych konfliktów,
- wymyślić skuteczny plan radzenia sobie ze złością, zanim ta cię ogarnie.

W niniejszym rozdziale znajdziesz narzędzia i strategie, które pomogą tobie i twojej żonie przepracować twoją złość, a dzięki temu wzmocnić wasz związek.

– Nie pamiętam, żebym wpadał w złość, dopóki się nie ożeniłem. – Dan patrzył na swoje kawalerskie życie przez różowe okulary, ale był pewien jednego: Sarah wywoływała u niego złość. - Wściekam się, gdy mówi mi niektóre rzeczy albo patrzy na mnie **tym** wzrokiem.

Nie lubił sarkastycznych pytań Sarah. Jak mężczyzna powinien zareagować na pytanie swojej żony: „Skosisz trawę czy mam poprosić mojego ojca, żeby przyszedł i ci pomógł?". Ale nie to zdaniem Dana było najgorsze. Czasem Sarah przekrzywiała głowę w określony sposób i wlepiała w niego wzrok.

- To spojrzenie było gorsze niż tysiąc słów pełnych potępienia - zwierzał mi się Dan. - Tak jakby tym spojrzeniem chciała mi powiedzieć: „Przykro mi, że za ciebie wyszłam".

Dan wpadał w złość, gdyż Sarah uderzała w jego poczucie własnej wartości, czyli szczególnie czuły punkt. **Większość z nas chce, by inni ludzie nas lubili, akceptowali, doceniali i szanowali, więc gdy ktoś nas krytykuje, zazwyczaj przyjmujemy pozycję obronną.** Sarah mogłaby powiedzieć, że krytykuje zachowanie Dana, a nie samego Dana, ale jako że nasze zachowanie jest wynikiem tego, kim jesteśmy, większości z nas (w tym także Danowi) trudno jest dokonać takiego rozróżnienia. Dan słyszał wewnętrzny głos: „Moja żona nie powinna tak sprowadzać mnie do parteru".

Z tonu głosu Sarah wyraźnie wynikało, że sama też jest pełna złości. Stwierdziła, że Dan za mało dba o dom.

Z jej perspektywy trawa rozrastała się, a on wtedy szedł na siłownię. On oglądał telewizję, a ona w tym czasie wyrzucała śmieci. Niekoniecznie składa się to na obraz idealnego męża.

Sytuacja Dana i Sarah nie jest wcale wyjątkowa. Wszystkie małżeństwa mają problem ze złością – i nie ma w tym nic złego. **Nie ma nic złego w odczuwaniu złości.** Problem polega na tym, że wiele par nie nauczyło się, jak nad nią pracować. Zamiast tego złość przybiera postać tyrad, które tylko pogarszają sytuację, albo małżonkowie cierpią w ciszy i oddalają się od siebie.

Kto z nas nie jest w stanie przypomnieć sobie z dzieciństwa wycieczki, którą zepsuła nie pogoda, ale wzajemna złość naszych rodziców? Ile urodzin zostało zepsutych przez sprzeczki rodziców, którzy nie nauczyli się pracować nad gniewem? Ile wyjazdów wakacyjnych zamieniło się w udrękę, bo złości nie udało się opanować?

Niestety liczni małżonkowie nie nauczyli się panować nad złością. Z jej powodu małżeństwo staje się polem bitwy, a każde z małżonków oskarża drugą stronę o pierwszy strzał. Jeśli para nie nauczy się radzić sobie ze złością, małżeństwo nie będzie satysfakcjonujące, a z wysiłków włożonych w uczenie się swoich języków miłości nigdy nie wynikną korzyści. Mówię „nigdy", ponieważ **miłość i niepowstrzymana złość nie są w stanie współistnieć.**

Miłość oznacza pragnienie dobra drugiej osoby, a niekontrolowana złość prowadzi tylko do ran i zniszczeń.

Sześć kluczy do radzenia sobie ze złością

Dobra wiadomość jest taka, że każda para jest w stanie nauczyć się, jak odpowiedzialnie radzić sobie ze złością. A tak naprawdę **musi** się tego nauczyć, by małżeństwo przetrwało i rozwijało się. Nie jest to proces łatwy, ale jego wyniki są zdecydowanie warte zachodu.

Podzielmy te wysiłki na sześć kroków.

1. Pogódźcie się z istnieniem złości

Gdy dwoje ludzi staje się jednością i chce budować wspólne życie, nie da się uniknąć złości. Czasem złość ma określony charakter i budzi ją jakieś działanie ze strony współmałżonka. Czasami wynika z błędnej oceny sytuacji. Przeciętne małżeństwo doświadcza obu typów złości. Jest to po prostu nieodłączny aspekt wspólnego życia z ułomną istotą ludzką.

W złości nie ma nic moralnie nagannego. Jest ona jedynie objawem naszej troski o sprawiedliwość. Gdy wyczu-

Jednym z największych darów, jaki możesz ofiarować swojej żonie, jest wolność od złości.

wamy, że coś jest niesprawiedliwe albo niesłuszne, złość to nasza naturalna reakcja. Nie powinieneś potępiać siebie ani swojej żony za doświadczanie złości. Nie trzeba też zaprzeczać temu, że jest się złym. Nie ma w tym żadnej hańby. Jeśli dajemy sobie prawo do odczuwania złości, tak naprawdę dajemy sobie prawo do bycia ludźmi. A to jest punkt początkowy nauki pozytywnego przepracowywania złości.

2. Nauczcie się przyznawać przed sobą do złości

Jeśli jesteś zły, zrób żonie tę uprzejmość i **powiedz jej**, co czujesz (a jeśli twoja żona jest zła, daj jej możliwość wytłumaczenia, co czuje). Nie bawcie się w zgadywanki – to strata czasu, odpowiedź na „Zgadnij, co czuję" rzadko jest prawidłowa.

Jeśli jesteś zły na swoją żonę, to dlatego, że zrobiła lub powiedziała coś, co ty uznajesz za niewłaściwe, albo dlatego, że nie zrobiła lub nie powiedziała czegoś, na co liczyłeś. Z twojej perspektywy wyrządziła ci krzywdę. Potraktowała cię niewłaściwie, niesprawiedliwie. Bez miłości. Wydarzenie, które wywołało u ciebie złość, stało się przeszkodą między wami. Twoja żona zasługuje na to, by o tym wiedzieć. Nie może pracować nad problemem, którego nie jest świadoma.

Każdy małżonek zasługuje na to, by wiedzieć, że druga osoba jest zła i dlaczego jest zła. Mąż i żona, którzy zechcą udzielać sobie tych informacji, poczynią ważny krok ku produktywnej pracy nad złością.

3. Zgódźcie się, że werbalne lub fizyczne wybuchy będące atakiem na drugą osobę nie są właściwą reakcją na złość

Niezdrowe odreagowywanie złości **zawsze** jest destrukcyjne i nie powinno być uznawane za zachowanie akceptowalne. Co nie znaczy, że gdy uzgodnicie to z żoną, żadne z was już nigdy nie straci panowania nad sobą. Oznacza to natomiast, że oboje zgadzacie się, iż tego rodzaju reakcje nie są właściwe. Wybuch złości **zawsze** pogarsza sprawę, zaś pozostałe po nim emocjonalne szczątki należy uprzątnąć, zanim będziecie w stanie konstruktywnie rozwiązać kwestię, która była powodem waszej złości.

Jednym ze sposobów na naprawienie sytuacji jest uzgodnienie, że zawsze gdy któreś z was wybuchnie złością, to drugie wyjdzie z pomieszczenia, w którym jesteście. Jeśli rozzłoszczona osoba wyjdzie za tą drugą, należy opuścić dom, teren posesji, a nawet osiedle, jeśli będzie to konieczne. Najlepiej nie wracać, póki nie skończy się wybuch złości.

Jeśli oboje zgadzacie się na taką strategię, będziecie wiedzieć, że gdy jedno z was wychodzi z pokoju (albo z domu), należy się zatrzymać i zastanowić nad tym, co zaszło. W idealnej sytuacji, gdy osoba, która wyszła, wróci ze spaceru, osoba rozzłoszczona już się uspokoi i będzie miała w sobie tyle pokory i rozsądku, by powiedzieć: „Przepraszam, mój wybuch złości był zły. Poczułem się na tyle zraniony i zdenerwowany, że straciłem panowanie nad sobą. Proszę, wybacz mi". Jeśli jesteście w stanie pogodzić się po takiej chwilowej utracie kontroli, możecie wrócić do kwestii, która stała się przyczyną złości.

4. Uzgodnijcie, że poprosicie o wyjaśnienie, zanim dokonacie osądu

Jeśli złościsz się na swoją żonę, przede wszystkim masz poczucie, że jej zachowanie jest niewłaściwe. Postaraj się takie odczucie traktować jedynie jako pierwsze wrażenie, a nie potwierdzony fakt, dopóki nie usłyszysz, co żona ma do powiedzenia. Bardzo łatwo jest źle zinterpretować czyjeś słowa lub działania.

Dajmy na to, żona nie przyniosła do domu mleka, o które prosiłeś, choć sama napisała sobie karteczkę, by o tym nie zapomnieć. Odruchowa reakcja na jej przeoczenie to złość, ponieważ zachowała się w sposób nieodpowiedzialny. A jeśli w sklepie nie było mleka? A jeśli odwiozła kolegę z pracy do domu i nie przejeżdżała koło sklepu? A jeśli wiedziała, że mleko nie jest ci potrzebne do obiadu i zamierzała je kupić, dopiero gdy będzie odwozić córkę na zajęcia sportowe? Każde z tych wyjaśnień jest prawdopodobne. Jeżeli będziesz chciał poznać wyjaśnienie, powstrzymasz swoją ocenę jej rzekomej nieodpowiedzialności, dopóki nie usłyszysz jej opowieści.

Gdy następnym razem będziesz przekonany, że żona zrobiła coś, by cię rozzłościć, zastanów się, czy kiedykolwiek myliłeś się w podobnej kwestii.

Rob usłyszał, jak jego żona w czasie rozmowy telefonicznej powiedziała, że „On się spóźnił", a ona „Nie jest w stanie ścierpieć takich opóźnień". Rob rozzłościł się, ponieważ bardzo się starał i spóźnił się tylko dwie minuty. Gdy poprosił żonę o wyjaśnienie, usłyszał, że mówiła o dziecku swojej przyjaciółki, które urodziło się dwa tygodnie po terminie. Udało się uniknąć kryzysu.

Działania i słowa mogą zostać źle zrozumiane, jednak motywacje jeszcze trudniej odgadnąć. Jako że motywacje są czymś wewnętrznym, nie znasz przyczyn, dla których twoja żona coś zrobiła, dopóki ci o tym nie powie. Niestety często zdarza nam się przypisywać naszym żonom intencje, z którymi nie mają one nic wspólnego.

Jonathan zachował się bardzo mądrze, gdy powiedział:

– Być może źle interpretuję sytuację i dlatego proszę cię o wyjaśnienie. Wydaje mi się, że wydałaś 300 dolarów w centrum handlowym. Wydawało mi się, że uzgodniliśmy, iż żadne z nas nie wyda więcej niż 100 dolarów bez pytania drugiej osoby o zdanie, dopóki nie zapanujemy nad naszym zadłużeniem.

Odpowiedź Bethany wprawiła go w osłupienie:

– Ależ kochanie, wszystko jestem w stanie wyjaśnić. Ludzie z naszego działu z pracy poszli razem na zakupy, żeby kupić Betsy jakiś prezent, ponieważ odchodzi na emeryturę. Poprosili mnie, żebym go odebrała, bo i tak w czasie przerwy obiadowej umówiłam się w centrum handlowym z Ginger. Zapłaciłam kartą, ale wszyscy oddali mi po 20 dolarów i te pieniądze mam w torebce. Powinno tam być 300 dolarów.

Złość Jonathana minęła, gdy doliczył się całej kwoty.

5. Uzgodnijcie, że będziecie poszukiwać rozwiązania

W przypadku Jonathana i Bethany gniew Jonathana minął, gdy mężczyzna usłyszał wyjaśnienie żony. Rzecz jasna, nie każda sytuacja jest tak prosta i nie wszystkie zdarzenia okażą się nieporozumieniami. Załóżmy, że Bethany faktycznie złamała ich postanowienie i kupiła coś za 300 dolarów, choć wcześniej uzgodnili, iż żadne z nich nie kupi nic droższego niż 100 dolarów bez porozumienia się z drugą osobą. Załóżmy, że Bethany tłumaczyłaby się tak:

Szybka, szczera wymiana słów „Kocham cię" po napadzie złości wzmocni wasz związek i ochroni go przed następstwami gniewu.

– Ależ kochanie, była wyprzedaż. Zaoszczędziłam 200 dolarów, bo ta rzecz i tak jest nam potrzebna. Nie sądziłam, że będziesz miał coś przeciwko.

– Mam coś przeciwko – mógłby odpowiedzieć Jonathan. – Dobrze byłoby mieć to w domu, ale nie jest nam tak naprawdę potrzebne. Dotąd całkiem nieźle radziliśmy sobie bez tego, a nie możemy sobie pozwolić na transakcję za 300 dolarów. Mieliśmy umowę, a ty ją złamałaś. To niedobrze.

Otwarta, niezapominająca o miłości konfrontacja pozwala na konstruktywną rozmowę i rozwiązanie problemu.

6. Uzgodnijcie, że będziecie sobie okazywać miłość

Gdy już złość minie, niech każde z was powie szczerze drugiej osobie „Kocham cię". W ten sposób tak naprawdę komunikujecie: „Nie pozwolę, by ta sytuacja nas rozdzieliła". Wysłuchaliście siebie nawzajem, rozwiązaliście dany problem, wyciągnęliście z tego wnioski i postanowiliście razem ruszyć naprzód.

Gdy ktoś wyrządził drugiej osobie rzeczywiste zło (gdy któraś strona była nieuprzejma, niekochająca, niesprawiedliwa), konieczne jest przyznanie się do błędu i zmiana zachowania. Niezbędne jest też przebaczenie ze strony małżonka, któremu wyrządzono zło. W takiej sytuacji złość może zniknąć, ponieważ spełniła już swoją funkcję i obie strony wzięły odpowiedzialność za własne zachowanie.

Jeśli złość jest wynikiem nieporozumienia, potrzebne jest inne podejście. Po wyjaśnieniu sytuacji osoba, która zbyt szybko dokonała osądu, powinna wykazać się klasą

i przyznać do swojego błędu. Para może potem porozmawiać o okolicznościach, które doprowadziły do nieporozumienia, i poszukać pomysłów pozwalających na uniknięcie takiej samej sytuacji w przyszłości.

Dla małżeństwa niewiele kwestii jest tak ważnych, jak nauczenie się odpowiedzialnego radzenia sobie ze złością. Wierzę, że rzeczywista realizacja tych sześciu zasad pozwoli tobie i twojej żonie odpowiedzialnie eliminować złość.

A JEŚLI WCIĄŻ POTRZEBUJESZ ARGUMENTÓW...

Oto naukowe dowody na to, że złość nie jest dobra dla zdrowia:

+ Naukowcy z Ohio State University odkryli, że trzydziestotrzyminutowa małżeńska sprzeczka wydłuża czas gojenia się fizycznych ran o dzień, a nawet dłużej.

+ Badanie przeprowadzone na Uniwersytecie Harvarda wykazało, że osoby starsze, którym zdarzają się wybuchy gniewu, są trzy razy bardziej zagrożone atakiem serca niż ich spokojniejsi koledzy.

Czy to dobry czas na rozmowę?

Chciałbym zakończyć ten rozdział ostatnią propozycją. Zapisz na niedużej karteczce następujące słowa: „Jestem teraz rozzłoszczony, ale nie martw się, nie będę cię atakował. Potrzebuję twojej pomocy. Czy to dobry czas na rozmowę?". Zostaw kartkę w łazience przy lustrze albo w innym dostępnym miejscu. Gdy następnym razem rozzłościsz się na swoją żonę, przeczytaj na głos treść karteczki tak spokojnie, jak tylko potrafisz. Jeśli ten moment nie okaże się dobry na rozmowę, ustalcie jakiś inny termin.

W tym krótkim oświadczeniu przyznałeś, że doświadczasz złości, że nie chcesz wybuchnąć gniewem, wyraziłeś też chęć wyjaśnienia i rozwiązania sytuacji w trakcie rozmowy.

Gdy już usiądziecie, by omówić daną sprawę, zacznij w ten sposób: „Wiem, że mogłem to źle zrozumieć, dlatego chcę z tobą porozmawiać. Powiem ci, jak się czuję i dlaczego tak jest. Jeśli jesteś w stanie wyjaśnić tę sytuację, będę ci bardzo wdzięczny - potrzebuję twojej pomocy w jej rozwiązaniu". Takie otwarcie rozmowy buduje przyjazną atmosferę, w której możecie dokonać omówienia danej sytuacji.

Złość od czasu do czasu zawita do każdego domu, ale nie musimy się obawiać jej wizyt. **Złość może być waszym przyjacielem.** Może odegrać w waszym związku ważną rolę – może was do siebie zbliżyć w sposób, w jaki nie są w stanie tego zrobić inne emocje. Gdy razem pracujecie nad wybuchami złości, odrobinę wzmacniacie wasz związek.

Sześć kroków do rozładowania gniewnej konfrontacji

Gdy następnym razem dojdzie do wybuchu złości, spróbuj poczynić ze swoją żoną te kroki. Jeśli mają być rzeczywiście skuteczne, powinny zostać opracowane i omówione, **zanim** dojdzie do takiej sytuacji.

1. Pogódźcie się z istnieniem złości. Niezależnie od tego, czy twoja złość ma charakter określony (uzasadniony) czy zniekształcony, nie potępiaj się za to, że jej doświadczasz. Uznaj swoją złość i przyznaj się do niej. Pamiętaj, że złość sama w sobie nie jest niczym złym.
2. Nauczcie się przyznawać przed sobą nawzajem do złości. Gdy pojawi się uczucie złości się pojawi, wyraźnie je sobie zakomunikujcie. Nie zmuszaj żony do zgady-

wania na podstawie twojego zachowania. Oboje zasługujecie na to, by wiedzieć, że druga osoba jest rozzłoszczona i dlaczego tak jest.

3. Zgódźcie się, że werbalne lub fizyczne wybuchy będące atakiem na drugą osobę, nie są właściwą reakcją na złość. Każdy wybuch tylko pogorszy sprawę.
4. Uzgodnijcie, że poprosicie o wyjaśnienie, zanim dokonacie osądu. Pamiętaj – twoje pierwsze wrażenie może być błędne. Łatwo źle zinterpretować słowa lub działania żony. Zanim ją osądzisz, poproś o dokładne wyjaśnienia. Być może uzyskasz cenne brakujące informacje, które zmienią twoje pojmowanie sytuacji.
5. Uzgodnijcie, że będziecie szukać rozwiązania. Mając dokładniejsze informacje od swojej żony i pełniejszą perspektywę, możesz szukać rozwiązania, które będzie satysfakcjonujące dla was obojga. Rozwiązywanie problemów w złości może wymagać przyznania się do wyrządzenia krzywdy oraz zmiany zachowania ze strony twojej żony, jeśli faktycznie cię skrzywdziła. Gdy okaże się, że twoja złość jest zniekształcona lub nieuzasadniona, to ty musisz przyznać się do błędu i zmienić swoje zachowanie.
6. Uzgodnijcie, że będziecie sobie okazywać miłość. Gdy złość przeminie, w szczerych słowach zadeklarujcie swoje uczucie.

rozdział 10

Sztuka przepraszania

Czy masz w warsztacie swoje ulubione narzędzie? Takie, które dobrze leży w ręku? Takie, po które sięgasz w pierwszej kolejności, kiedy musisz coś zrobić? A może masz specjalne zagranie w grze w koszykówkę? Coś, co trzymasz na specjalne okazje, gdy naprawdę musisz minąć obrońcę i ustrzelić kilka punktów? Może to drybling najlepszy pod słońcem albo skuteczny rzut za trzy punkty? A może masz swoją firmową strategię szachową - zagrywkę, która twoich rywali zawsze zbija z tropu?

Dobry ruch może wyrwać przeciwnikom zwycięstwo. Dobra strategia może zaowocować sukcesem.

W poprzednich rozdziałach pisaliśmy o przeszkodach, które mogą zaszkodzić nabywaniu przez ciebie płynności w zakresie ojczystego języka miłości twojej żony i ostudzić jej zapał do posługiwania się twoim językiem. Nie jesteś w stanie zlikwidować wszystkich pokus i frustracji, jakie będą zagrożeniem dla waszej bliskości, nie zdołasz cofnąć przykrych słów, które zostały już wypowiedziane; nie da się cofnąć błędów, które już zostały popełnione. Ale za pomocą jednego gestu, jednego specjalnego ruchu możesz znacznie umocnić wasz związek, przywrócić bliskość, stworzyć atmosferę sprzyjającą uczeniu się języka miłości drugiej osoby.

Jeśli twoim celem jest poprawienie relacji z żoną, twoim ruchem powinny być przeprosiny. **Odpowiednie przeprosiny mogą położyć kres napięciom, konfliktom, urazom**, które jątrzą się przez całe miesiące, a nawet lata. Mogą zmienić to, jak twoja żona myśli o tobie, jak na ciebie patrzy. Mogą przełamać bariery szybciej niż inne słowa i czyny.

Warto zatem postawić pytanie: co zrobić, żeby przeprosiny były udane? Większość ludzi oczekuje, że przeprosiny będą szczere. Chcą oni, by były prawdziwe. Problem polega na tym, że ludzie różnie podchodzą do tego, co uważają za szczerość. To, co jest szczere dla jednej osoby, nie będzie uznane za szczere przez inną.

Dzięki wieloletniemu prowadzeniu terapii i seminariów dla małżeństw odkryłem, że istnieje pięć języków miłości, ale też **pięć języków przepraszania**. Dla większości ludzi jeden lub dwa z tych języków przekazują szczerość lepiej od pozostałych. Jeśli twoja żona ma przyjąć przeprosiny, musisz mówić językiem lub językami, które dla niej są najwyraźniejszym komunikatem szczerości. Pamiętając o tym, przyjrzyjmy się pięciu językom przepraszania.

PODOBA CI SIĘ TEN ROZDZIAŁ? POLUBISZ CAŁĄ KSIĄŻKĘ

Gdybyś chciał dowiedzieć się więcej na temat pięciu języków przepraszania, sięgnij po książkę *When Sorry Isn't Enough* (Gdy „przepraszam" nie wystarcza) Gary'ego Chapmana i Jennifer Thomas. Znajdziesz w niej zmuszające do myślenia omówienie znaczenia przeprosin w małżeństwie, rodzinie i miejscu pracy, a także praktyczne porady dotyczące tego, jak przebaczyć komuś, kto wyrządził ci krzywdę, jak przebaczyć samemu sobie i jak nauczyć dzieci przepraszać.

Pierwszy język przepraszania: wyrażanie żalu

Wyrażanie żalu to emocjonalny wymiar przeprosin. Żal to skupienie się na tym, co zrobiłeś (albo czego nie zrobiłeś), i na tym, jak to wpłynęło na drugą osobę – w tym wypadku na twoją żonę. Wyrażenie żalu to uznanie własnego poczucia winy, wstydu i bólu wywołanego twoim zachowaniem, którym tak mocno uraziłeś swoją żonę.

Jeśli głęboko zraniłeś żonę, ona będzie chciała, byś w jakimś stopniu poczuł jej ból. I niekoniecznie chodzi tu o mściwość – twoja żona po prostu chce mieć pewność, że wiesz, co ona czuje. Taką pewność dają jej słowa wyrażające szczery żal. Zwykłe „przepraszam" może bardzo pomóc w przywróceniu dobrej woli po jakimś błędzie. Brak tych słów będzie wydawał się niektórym osobom tak niewłaściwy jak kibic w szaliku Cracovii na trybunach Wisły Kraków. Dość często przepraszający mąż nie zdaje sobie sprawy z faktu, że nie wypowiedział tego magicznego słowa, ale jego żona na pewno to zauważy. Dlatego też **najlepszą strategią jest rozpoczęcie od tego słowa – rozpoczynanie każdych przeprosin szczerym powiedzeniem „przepraszam"**.

Rzecz jasna, szczerość nie może się opierać na samych słowach. Twój żal musi też wyrażać język ciała.

Jim rozpłakał się, gdy przepraszał swoją żonę. Robert spojrzał żonie w oczy i wytrzymał jej spojrzenie, gdy wyrażał swój żal. Sean zniecierpliwiony potrząsnął głową, wywrócił oczami i wydał z siebie ciężkie westchnienie, gdy mówił swojej żonie „przepraszam". Zgadnij, która żona nie uwierzyła, że przeprosiny były szczere?

> Jeśli nie powiedziałeś „przepraszam", nie przeprosiłeś.

Przeprosiny powinny być nie tylko szczere, ale też **konkretne**. „Prze-

„Wiem, że cię zraniłem. Zachowałem się jak idiota, zadając ci ból. Naprawdę przepraszam za to, co zrobiłem”.

„Przepraszam, że obraziłem twoich rodziców, ale sama też raczej nie okazujesz im szacunku”.

„Przepraszam, że użyłem w stosunku do ciebie tych słów, ale nigdy nie twierdziłem, że jestem grzecznym chłopcem”.

„Absolutnie nie chciałem cię zawieść. Powinienem był to lepiej przemyśleć. Przepraszam, że przeze mnie tak się czułaś”.

praszam za to, że ________". Im więcej szczegółów podasz, tym lepiej zakomunikujesz swojej żonie, że rozumiesz głębię tego, co ją zraniło. Im lepiej rozumiesz, tym mniejsza szansa, że powtórzysz ten sam występek w przyszłości.

Jeśli jesteś konkretny, pozwalasz, by żona dokładnie opisała swe uczucia. Jeśli powiesz: „Przepraszam, że przeze mnie spóźniliśmy się na koncert w szkole", twoja żona może cię zaskoczyć i powie: „Nie to mnie rozzłościło. W sobotę, kiedy szykowaliśmy się do wyjścia do kina, pospieszałeś nas wszystkich, mówiąc, że nie znosisz się spóźniać na film. Jestem zła, ponieważ nie spieszysz się tak bardzo na występ zespołu naszych dzieci".

Słowa wyrażające szczery żal powinny też być stanowcze. Absolutnie nie powinno po nich następować słowo „ale" („Przepraszam, że przypominasz mi moją matkę, **ale** czasem zbyt łatwo mnie prowokujesz"). Zawsze gdy za pomocą słów przerzucasz winę na swoją żonę, przechodzisz od przeprosin do ataku. Ataki nigdy nie prowadzą do przebaczenia i zgody. Także gdy po przeprosinach następują wymówki („Przepraszam, że zaplanowałem grę w golfa w dzień naszej rocznicy, ale to ty pamiętasz o takich sprawach"), same przeprosiny się nie liczą.

Jeśli chcesz przekonać żonę o swojej szczerości, musisz się nauczyć mówić językiem wyrażania żalu. Musisz wiedzieć, jak skupić się na tym, w jaki sposób twoje zachowanie wiąże się z jej bólem. Gdy uznasz jej ból, żona prawdopodobnie ci wybaczy.

Drugi język przepraszania: przyjęcie na siebie odpowiedzialności

Dlaczego niektórym z nas tak trudno jest powiedzieć: „Myliłem się"? Bardzo często nasza niechęć do przyznawania się do błędów jest powiązania z poczuciem własnej wartości. Przyznanie się do błędu postrzegane bywa jako słabość. Możemy sobie myśleć: „Tylko przegrani się przyznają, inteligentni ludzie starają się wykazać, że ich działania były uzasadnione".

To jednak tylko racjonalizacje. Przechodzimy do porządku dziennego nad tym, **co** zrobiliśmy, i skupiamy się na tym dlaczego. Taka racjonalizacja często przyjmuje postać oskarżenia innych. Możemy przyznać, że coś, co powiedzieliśmy lub zrobiliśmy, niekoniecznie było dobre czy słuszne, ale szybko wskazujemy, iż nasze zachowanie sprowokowały nieodpowiedzialne działania innej osoby. Przerzucamy odpowiedzialność na kogoś innego, ponieważ trudno jest nam powiedzieć: „Myliłem się".

To bardzo poważny problem, ponieważ **dla wielu osób słowa „myliłem się" są komunikatem tego, że przepro-**

„Mogę się zgodzić, że
popełniliśmy kilka błędów".

„Przepraszam, że się rozzłościłaś,
ale to przecież nie był pierwszy
raz. Ja po prostu taki jestem".

„Postąpiłem źle, mówiąc
do ciebie w ten sposób.
Próbowałem się usprawiedliwić,
a moje słowa były pozbawione
życzliwości i miłości. Mam
nadzieję, że mi wybaczysz".

„Próbowałem się usprawiedliwić,
ale nie ma dla mnie żadnego
usprawiedliwienia. Krótko
mówiąc, to, co zrobiłem,
było samolubne i złe".

siny są szczere. Jeśli twoja żona należy do tej grupy, nie uzna twoich przeprosin za szczere, jeśli nie ma w nich słów oznaczających wzięcie na siebie odpowiedzialności za złe zachowanie. Zrozumienie tego faktu może stanowić o sukcesie, gdy chcesz szczerze przeprosić za swoje zachowanie.

„Mój mąż nigdy nie przyzna, że robi coś źle. Zamiata sprawę pod dywan i nie chce o niej więcej rozmawiać. Gdy ponownie zaczynam mówić o problemie, on odpowiada: «Nie wiem, co zrobiłem. Nie możesz o tym po prostu zapomnieć?». Gdyby tylko potrafił przyznać, że się mylił, chętnie bym mu wybaczyła. Jeśli jednak zachowuje się, jakby nie zrobił nic złego, trudno o tym nie pamiętać. Chciałabym, by choć raz powiedział: «Byłem w błędzie»".

Jenna

„Mój mąż Michael to najuczciwszy człowiek, jakiego znam. Nie oznacza to, że jest idealny. Tyle że zawsze potrafi przyznać się do swoich błędów. Chyba właśnie dlatego tak bardzo go kocham - zawsze potrafi powiedzieć: «Popełniłem błąd, myliłem się, czy możesz mi wybaczyć?». Lubię ludzi, którzy potrafią wziąć odpowiedzialność za swoje błędy".

Lizzy

„Nigdy nie słyszałem, żeby mój ojciec przepraszał moją mamę albo mnie. Miałem wrażenie, że ojciec jest hipokrytą. W naszym środowisku był uznawany za człowieka sukcesu, ale dla mnie był hipokrytą. To chyba dlatego zawsze potrafiłem przepraszać i przyznawałem się do swoich błędów. Chcę, żeby mój związek był prawdziwy, i wiem, że to się nie może stać, jeśli nie przyznam się do błędu".

Mike

Dla tych ludzi, podobnie jak dla wielu innych, przyjęcie odpowiedzialności za złe zachowanie to najważniejszy element przeprosin. Właśnie ten element może ich przekonać, że przeprosiny są szczere. „Samo «przepraszam» nie wystarcza - muszę wiedzieć, że on rozumie, iż to, co zrobił, było złe".

Jeśli twoja żona zgodziłaby się z tym stwierdzeniem, dobrze zrobi ci umiejętność płynnego posługiwania się językiem przyjmowania odpowiedzialności.

Trzeci język przepraszania: rekompensata

Koncepcja naprawienia szkód po zrobieniu czegoś złego jest wpisana w ludzką psychikę. Zarówno nasz system prawny, jak i relacje interpersonalne są kształtowane przez tę ideę. W ostatnich latach w amerykańskim systemie sądownictwa położono większy nacisk na problem odszkodowań - koncepcję, zgodnie z którą przestępca powinien zapłacić ofierze za szkody wyrządzone swoim zachowaniem. Zamiast spędzać czas w więzieniu przestępca ma wynagrodzić wyrządzone zło osobie pokrzywdzonej. Pomysł opiera się na wrodzonym ludzkim poczuciu sprawiedliwości, zgodnie z którym za wyrządzone zło trzeba zapłacić. Idea ta jest też podstawą trzeciego języka przepraszania: języka rekompensaty.

W prywatnym wymiarze małżeństwa nasze pragnienie rekompensaty niemal zawsze wynika z naszej potrzeby miłości. Gdy małżonek nas mocno zrani, potrzebujemy pewności, że wciąż nas kocha. Ostre słowa lub bolesne działania podają miłość w wątpliwość. W naszym umyśle może tkwić pytanie: „Jak mogła mi coś takiego zrobić?", a same słowa „Przepraszam, byłem w błędzie" mogą nie wystarczyć. Chcemy znać odpowiedź na pytanie: „Czy wciąż mnie kochasz?".

„Nie wydaje mi się, żeby samo «przepraszam» wystarczyło. Chciałbym ci wynagrodzić to, co zrobiłem. Jaka rekompensata byłaby w twoich oczach właściwa?”

„Wiem, że zmarnowałem twój czas. Czy mogę poświęcić ci nieco mojego czasu, żeby wyrównać rachunki?”

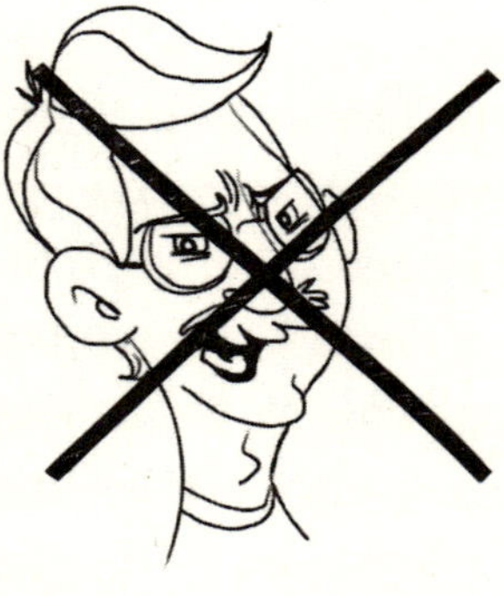

„Dlaczego nie możesz odpuścić? Kupiłem ci przecież kwiaty. Czy to nie wystarczy?”

„Jeśli samo «przepraszam» ci nie wystarcza, to nie wiem, co jeszcze ci powiedzieć”.

Dla niektórych osób rekompensata to główny język przepraszania. Dla nich ważne jest, by słowu „przepraszam" towarzyszyło pytanie w rodzaju: „Co mogę zrobić, by pokazać, że wciąż cię kocham?". Bez tej próby rekompensaty szczerość przeprosin zostanie zakwestionowana. Ktoś może wciąż nie czuć się kochany, niezależnie od tego, ile razy powtórzymy „Byłem w błędzie".

Czego w takim razie oczekują takie osoby?

„Oczekuję jakiegoś rodzaju skruchy, ale też szczerej próby naprawienia wyrządzonej szkody".

„Oczekuję, że on spróbuje naprawić to, co zepsuł".

„Oczekuję, że ona naprawdę będzie żałować i zechce naprawić swoje błędy".

Wszyscy ci ludzie uznawali próbę zrekompensowania wyrządzonych szkód za dowód szczerości przeprosin. Pytanie brzmi: jak najskuteczniej przeprosić? Jako że sednem rekompensaty jest zapewnienie twojej żony, że szczerze ją kochasz, **należy koniecznie zapewnić jej rekompensatę w jej ojczystym języku miłości**.

Dla niektórych osób jedyną potrzebną im rekompensatą będą wyrażenia afirmatywne - usłyszenie obok przeprosin, że są cudowne i wspaniałe. Dla innych dowodem szczerości przeprosin są drobne przysługi - poodkurzanie podłóg, umycie naczyń, zrobienie prania. Dla innych ludzi to podarunki (coś, co pokazuje, że o nich myślisz) są najlepszym komunikatem przeprosin. Dla innej grupy odpowiednią rekompensatą jest dobry czas - skupienie na nich niepodzielnej uwagi - oraz przeprosiny. Są też tacy, do których najdobitniej o miłości mówi dotyk - dla nich przeprosiny bez kontaktu fizycznego nie będą szczere.

Niezależnie od tego, jaki jest język miłości twojej żony, pamiętaj o jednym: **szczerym przeprosinom musi towarzyszyć pragnienie wynagrodzenia krzywd**, które wyrządziłeś, naprawy wyrządzonych szkód i zapewnienie żony, że szczerze ci na niej zależy.

Czwarty język przepraszania: szczera skrucha

„Ciągle toczymy dokładnie takie same kłótnie o dokładnie te same rzeczy". Kobieta, która podzieliła się tą refleksją, była zamężna już od prawie trzydziestu lat. „Wydaje mi się, że tak jest z większością małżeństw. Mnie najmocniej nie złości to, co on robi, ale to, że wciąż robi to samo. Przeprasza, obiecuje, że już tego nigdy nie zrobi, a potem powtarza to samo - czy to jest zostawianie w łazience włączonego światła, zrzędzenie czy nieuprzejmość. Nie chcę już więcej przeprosin. Chcę, żeby raz na zawsze przestał robić to, co mi przeszkadza".

„Przepraszam. Wiem, że już to mówiłem, ale tym razem mówię szczerze, zaufaj mi”.

„Wiem, że moje zachowanie było dla ciebie bardzo bolesne. Nie zamierzam nigdy więcej tak postępować. Jestem otwarty na twoje pomysły na to, jak mogę zmienić moje zachowanie”.

„Zawiodłem cię i popełniłem znowu ten sam błąd. Czego potrzeba, by zacząć odbudowywać twoje zaufanie do mnie?”

„Przepraszam. Ale jeśli to, co robię, ciągle cię obraża, to może ty musisz się zmienić. Pomyślałaś o tym?”

Ta kobieta chciała, by jej mąż wyraził skruchę. Skrucha oznacza zmianę zachowania albo sposobu myślenia. W kontekście przeprosin w małżeństwie skrucha oznacza, że zdajesz sobie sprawę, iż twoje zachowanie jest destrukcyjne, żałujesz bólu, jaki zadałeś swojej żonie, i postanawiasz zmienić swoje zachowanie.

Wyrazić skruchę to więcej niż powiedzieć: „Przepraszam, byłem w błędzie, jak mogę ci to wynagrodzić?". Skrucha równa się słowom: „Postaram się już nigdy więcej tego nie zrobić". Niektórych ludzi dopiero skrucha potrafi przekonać, że przeprosiny są szczere. Bez szczerej skruchy inne języki przepraszania mogą okazać się nieme. Osoba zraniona chce wiedzieć, czy zamierzasz się zmienić, czy też w przyszłym tygodniu sytuacja się powtórzy. To właśnie język szczerej skruchy sprawia, że ludzie w następujący sposób opisują idealne przeprosiny:

„Pokaż, że chcesz się zmienić i następnym razem zachowywać się inaczej".

„Oczekuję, że uda mu się coś wymyślić, by to już nigdy się nie powtórzyło".

„Oczekuję innego zachowania, by ta obraza już się nie powtórzyła".

„Chciałabym, żeby miał plan swojej poprawy - plan, który będzie skuteczny i uchroni go przed ponownym popełnieniem tego błędu".

„Oczekuję, że nie wpadnie w szał po kilku minutach i nie zrobi tego samego".

Te i wiele innych wypowiedzi pokazują, że dla wielu osób skrucha jest kwintesencją prawdziwych przeprosin.

Jak zatem mówić językiem szczerej skruchy? Trzeba zacząć od wyrażenia chęci przemiany. Prawdziwa skrucha zawsze zaczyna się w sercu. Uznajemy, że zrobiliśmy coś złego, że nasze działania zraniły osobę, którą kochamy. Nie chcemy dalej tak się zachowywać, więc postanawiamy się zmienić. Następnie mówimy o swojej decyzji osobie, którą zraniliśmy -w tym wypadku naszej żonie. Decyzja o zmianie pokazuje, że nie próbujemy już się usprawiedliwiać, nie umniejszamy naszej winy, ale bierzemy pełną odpowiedzialność za swoje działania. Gdy dzielisz się z żoną intencją zmiany swego życia, komunikujesz jej, co się w tobie dzieje. Pozwalasz jej wejrzeć w swoje serce. Często już samo to wystarczy, by przekonać ją, że twoje słowa są szczere.

Piąty język przepraszania: pragnienie przebaczenia

Pragnienie przebaczenia jest istotne z trzech powodów. Po pierwsze, pokazuje, że pragniesz, by wasz związek wrócił do normy. Ron i Nancy byli małżeństwem przez piętnaście lat, a Ron stwierdził, że jego głównym językiem przepraszania jest pragnienie przebaczenia.

– Gdy Nancy prosi mnie o przebaczenie, wiem, że nie chce zamieść sprawy pod dywan. Chce, by nasz związek był autentyczny. Niezależnie od tego, co jeszcze mówi w czasie przeprosin, gdy dociera do prośby o przebaczenie, wiem, że jest całkowicie szczera. To dlatego tak łatwo jest mi jej przebaczyć. Wiem, że ceni nasz związek ponad wszystko. To sprawia, że czuję się wspaniale.

Gdy wyrządzona zostaje krzywda, natychmiast powstaje mur między małżonkami. Dopóki się go nie usunie, związek nie może się rozwijać. Przeprosiny są próbą usunięcia tego muru. Jeśli odkryjesz, że językiem przepraszania twojej żony jest pragnienie przebaczenia, to właśnie w ten sposób najłatwiej będzie usunąć ów mur. Ona dzięki twojemu pragnieniu przebaczenia widzi, że naprawdę chcesz, by wasz związek wrócił do normy.

Drugi powód, dla którego pragnienie przebaczenia jest tak ważne, stanowi fakt, iż w ten sposób pokazujesz, że zdajesz sobie sprawę z wyrządzonego zła – z tego, że świadomie lub nieświadomie skrzywdziłeś swoją żonę. Być może to, co zrobiłeś lub powiedziałeś, nie było etycznie naganne. Może zrobiłeś lub powiedziałeś coś w żartach, a jednak twoje zachowanie obraziło żonę. Czuje się do-

„Kiedy ostatnio sprawdzałem, tylko Bóg miał moc przebaczania. Mówiłem już, że przepraszam. Jeśli to ci nie wystarcza, nie wiem, co jeszcze mam powiedzieć”.

„Przepraszam za to, jak do ciebie mówiłem. Wiem, że mówiłem głośno i nerwowo. Nie zasługujesz na to. Zrobiłem coś bardzo złego i chciałbym, żebyś mi przebaczyła”.

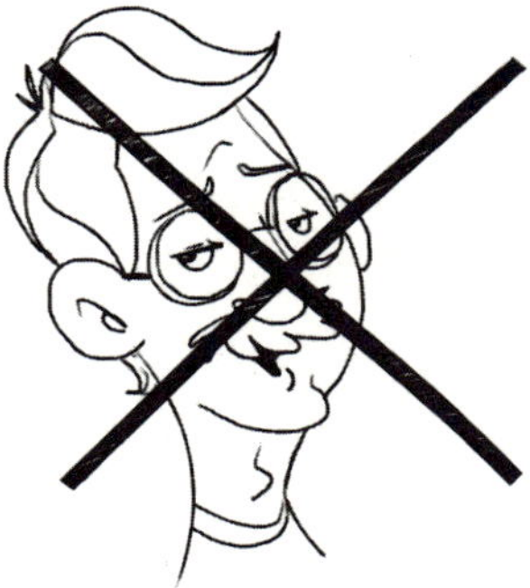

„Wolałbym, żebyś przestała zgrywać ofiarę. Poczułaś się zraniona – i co z tego? Życie toczy się dalej. Daj spokój!”

„Wiem, że to, co zrobiłem, mocno cię dotknęło. Masz prawo nigdy się do mnie nie odezwać, ale ja naprawdę żałuję tego, co zrobiłem. I mam nadzieję, że zdołasz mi to wybaczyć”.

tknięta. Twój gest stworzył przepaść między wami. W tym sensie był on zły i konieczne jest pragnienie przebaczenia, zwłaszcza jeśli jest to główny język przepraszania twojej żony. Pragnienie przebaczenia to przyznanie się do winy. Pokazuje, że wiesz, iż zasługujesz na potępienie lub karę.

Po trzecie, pragnienie przebaczenia pokazuje, że chcesz złożyć przyszłość waszego związku w ręce swojej żony – osoby skrzywdzonej. Przyznałeś się do wyrządzonego zła, wyraziłeś swój żal, może nawet zaproponowałeś jakąś rekompensatę, a teraz mówisz: „Czy mi przebaczysz?". Wiesz, że tylko twoja żona może udzielić odpowiedzi na to pytanie. Tego wyboru musi dokonać sama. Przebaczyć czy nie przebaczyć? – oto jest pytanie. A przyszłość waszego związku zależy od jej decyzji. W ten sposób odbierasz sobie kontrolę, a dla wielu osób jest to trudne do zaakceptowania.

Prośba o przebaczenie po przeproszeniu w jakimś innym języku przepraszania często jest kluczem otwierającym drzwi do przebaczenia i zgody. Być może właśnie na ten element przeprosin czeka twoja żona. „Czy możesz mi przebaczyć?" to element przekonujący ją, że twoje przeprosiny faktycznie są szczere. Bez prośby o przebaczenie twoje słowa, takie jak „przepraszam", „myliłem się", „wynagrodzę ci to" i „już nigdy tak nie zrobię", mogą jej się wydać czczą gadaniną. Jeśli pragnienie przebaczenia jest głównym językiem przeprosin twojej żony, musisz nauczyć się nim mówić, by twoje przeprosiny zostały odebrane jako szczere.

Ostatnie słowa

Sztuka przepraszania nie jest łatwa. Dla większości ludzi nie jest czymś naturalnym, ale każdy może się jej nauczyć. I warto to zrobić. Przeprosiny budują zdrowie emocjonalne i duchowe. Po przeprosinach jesteśmy w stanie patrzeć na siebie w lustrze i spojrzeć w oczy własnej żonie. Pamiętaj - ci, którzy najszczerzej przepraszają, najpewniej mogą spodziewać się przebaczenia.

Często zadawane pytania

1. Co zrobić, jeśli nie potrafię odkryć mojego ojczystego języka miłości?

„Zrobiłem test sprawdzający mój język miłości i dla wszystkich języków moje wyniki są niemal takie same - z wyjątkiem podarunków. Wiem jednak, że to nie jest mój ojczysty język miłości".

W tej książce proponuję trzy sposoby odkrywania swojego ojczystego języka miłości.

- Przede wszystkim obserwuj, w jaki sposób najczęściej wyrażasz swoją miłość do innych. Jeśli regularnie wyświadczasz innym przysługi, to może być twój język miłości. Jeśli często prawisz komplementy, prawdopodobnie twoim językiem miłości są wyrażenia afirmatywne.

- Na co najczęściej się skarżysz? Gdy mówisz żonie: „Sama chyba byś mnie nie dotknęła, gdybym ja nie zainicjował dotyku", pokazujesz, że twoim językiem miłości jest dotyk. Gdy żona wraca z wyjazdu służbowego, a ty pytasz: „Nic mi nie przywiozłaś?", wskazujesz, że twoim językiem są podarunki. Stwierdzenie „Nie spędzamy ze sobą tyle czasu, ile powinniśmy" świadczy o tym, że twoim ojczystym językiem miłości jest dobry czas. To, na co się skarżysz, wskazuje, czego naprawdę pragniesz. (Jeśli nie jesteś w stanie stwierdzić, na co narzekasz najczęściej, zapytaj swoją żonę, ona będzie wiedziała).
- O co najczęściej prosisz swoją żonę? Jeśli mówisz: „Wymasuj mi plecy", prosisz o dotyk. „Czy myślisz, że w tym miesiącu moglibyśmy wyjechać gdzieś na weekend?" to prośba o dobry czas. „Czy mogłabyś po południu wysprzątać tę szafkę?" jest prośbą o drobne przysługi.

Pewien mąż powiedział mi kiedyś, że swój język miłości odkrył poprzez eliminację. Wiedział, że jego językiem nie jest przyjmowanie podarunków, więc zostały mu tylko cztery możliwości. Zadał sobie pytanie: „Gdybym miał zrezygnować z jednego spośród pozostałych czterech języków, z czego najłatwiej byłoby mi zrezygnować?". Odpowiedzią był dobry czas. „Gdybym miał zrezygnować z czegoś spośród pozostałych trzech, co by to było?" Zdecydował, że jeśli nie liczyć seksu, mógłby zrezygnować z dotyku. Byłby w stanie się obejść bez uścisków, głaskania i trzymania się za ręce. Pozostały więc drobne przysługi i wyrażenia afirmatywne. Mimo że cenił to, co dla niego robiła żona, wiedział, iż to pochwały z jej strony naprawdę go motywowały. Jedna wypowiedziana przez nią pozytywna uwaga dawała mu energię na cały dzień. Dowiedział się więc, że jego pierwszym ojczystym językiem miłości są wyrażenia afirmatywne, a drugim - drobne przysługi.

2. Co zrobić, jeśli nie jestem w stanie odkryć języka miłości mojej żony?

„Moja żona nie przeczytała tej książki, ale rozmawialiśmy o językach miłości. Ona mówi, że nie wie, jaki jest jej język miłości".

Moja pierwsza rada - podaruj jej egzemplarz książki *Pięć języków miłości*. Jeśli się z nią zapozna, powie ci, jaki jest jej język miłości. Jeśli jednak nie zechce przeczytać książki, sugeruję, abyś ty odpowiedział na trzy pytania, które są odmianą pytań postawionych w poprzednim punkcie:

- W jaki sposób twoja żona najczęściej wyraża swoją miłość do innych?
- Na co narzeka najczęściej?
- O co najczęściej prosi?

Chociaż narzekanie żony może cię czasem irytować, tak naprawdę stanowi źródło wartościowych informacji. Jeśli twoja żona mówi: „W ogóle nie spędzamy ze sobą czasu", możesz odczuwać pokusę, by odrzec: „O co ci chodzi? Przecież byliśmy w czwartek w restauracji". Taka postawa obronna będzie oznaczała koniec rozmowy. Jeśli jednak odpowiesz: „Co twoim zdaniem moglibyśmy robić?", prawdopodobnie usłyszysz konkretną propozycję. Skargi wyrażane przez twoją żonę to najwyraźniejsze wskaźniki dotyczące ojczystego języka miłości.

Inną możliwością jest przeprowadzenie pięciotygodniowego eksperymentu. W pierwszym tygodniu skup się na jednym z języków miłości, spróbuj go codziennie używać i obserwuj, jak reaguje na niego twoja żona. W sobotę i niedzielę odpocznij. W drugim tygodniu od poniedziałku do piątku skup się na następnym języku – i rób tak z każdym językiem w kolejnych tygodniach. W tygodniu, w którym będziesz używał ojczystego języka miłości twojej żony, prawdopodobnie zobaczysz różnicę w jej zachowaniu – jej reakcje będą inne. Ten język miłości jest językiem ojczystym twojej żony.

3. Czy język miłości może się zmieniać z wiekiem?

Myślę, że nasze języki miłości raczej są stałe przez całe życie, podobnie jak inne cechy charakteru, które kształtują się wcześnie. Na przykład osoba, która potrafi dobrze gospodarować czasem, prawdopodobnie była też dobrze zorganizowana w dzieciństwie. Osoba wyluzowana i zrelaksowana przypuszczalnie była taka także jako dziecko. Reguła ta odnosi się do wielu cech charakteru.

Zdarzają się jednak w życiu takie sytuacje, w których bardzo atrakcyjne stają się inne języki miłości. Na przykład twoim językiem ojczystym mogą być wyrażenia afirmatywne, ale jeśli pracujesz na dwie zmiany, ważne mogą się stać dla ciebie drobne przysługi ze strony twojej żony. Jeśli słyszysz od niej wyłącznie wyrażenia afirmatywne, a nie oferuje ci żadnej pomocy w wykonywaniu obowiązków domowych, możesz zacząć myśleć: „Mam już dość twojego mówienia, że mnie kochasz, choć nigdy nie ruszysz palcem, żeby mi pomóc". W takim wypadku może się wydawać, że drobne przysługi stały się twoim ojczystym językiem miłości. Jeśli jednak zabraknie wyrażeń afirmatywnych, szybko uświadomisz sobie, iż to one są twoim ojczystym językiem miłości.

Gdy spotka cię śmierć jednego z rodziców lub kogoś z przyjaciół, dłuższy uścisk może być dla ciebie najważniejszy, nawet jeśli dotyk nie jest twoim ojczystym językiem miłości. Przytulenie, gdy odczuwamy ogromny żal, służy komunikowaniu miłości. W takich sytuacjach dotyk ma wielkie znaczenie, niezależnie od tego, jaki jest nasz ojczysty język miłości.

4. Czy koncepcja pięciu języków miłości sprawdza się także w przypadku dzieci?

Zdecydowanie tak. Lubię mówić o tym, że w każdym dziecku także znajduje się zbiornik na miłość. Jeśli dziecko czuje się kochane przez swoich rodziców, rozwija się w normalny sposób. Jeśli jednak jego zbiornik na miłość jest pusty i dziecko nie czuje się obdarowywane miłością, jego dorastaniu będzie towarzyszyć wiele rozterek wewnętrznych i jako nastolatek zacznie szukać miłości często nie tam, gdzie powinno. Niezwykle ważne, aby rodzice potrafili efektywnie kochać swoje dzieci.

Jakiś czas temu razem z psychiatrą Rossem Campbellem napisaliśmy książkę *The 5 Love Languages of Children* (Pięć języków miłości dzieci). Powstała ona z myślą o rodzicach i ma im pomóc w odkrywaniu ojczystego języka miłości swoich dzieci. Omawiamy w niej też, jak to się przekłada na złość, naukę i zdyscyplinowanie dziecka. W książce podkreślamy między innymi, że dzieci muszą się nauczyć, jak przyjmować i wyrażać miłość we wszystkich pięciu językach. Dzięki temu staną się zdrowymi emocjonalnie osobami dorosłymi. Dlatego zachęcamy rodziców, by obdarowywali dzieci zdrową dawką ich ojczystego języka miłości, ale regularnie posługiwali się również pozostałymi czterema. Jeśli dziecko przyjmuje miłość we wszystkich pięciu językach, ostatecznie nauczy się też, jak wyrażać to uczucie, mówiąc nimi wszystkimi.

5. Czy język miłości dziecka zmienia się, gdy staje się nastolatkiem?

Pewien rodzic powiedział mi kiedyś:

– Przeczytałem książkę *The 5 Love Languages of Children* [Pięć języków miłości dzieci] i naprawdę pomogło nam to w wychowaniu naszych dzieci. Jednak nasz syn jest już nastolatkiem. Robimy to co zwykle, ale nagle wszystko przestało się sprawdzać. Zastanawiam się, czy możliwe jest, że zmienił się jego język miłości.

Nie sądzę, by język miłości dziecka zmieniał się, kiedy ma ono trzynaście lat. Jednak należy się uczyć nowych sposobów używania ojczystego języka miłości dziecka. To, co robiliśmy dotąd, nastolatek może uznać za zbyt dziecinne. Jeśli językiem miłości nastolatka jest dotyk, a wy będziecie go przytulać i całować w policzek, on może was odepchnąć i powiedzieć: „Dajcie mi spokój". Nie oznacza to, że nie potrzebuje dotyku, ale że określone rodzaje dotyku uznaje za dziecinne. Teraz należy używać bardziej dojrzałych dialektów dotyku, na przykład trącania go łokciem, klepania po plecach czy ramieniu, uprawiania z nim zapasów. Taki dotyk dla nastolatka jest oznaką miłości. Najgorsze, co można zrobić nastolatkowi, którego językiem jest dotyk, to wycofać się, gdy dziecko mówi: „Nie dotykaj mnie".

Więcej zagadnień dotyczących nastolatków omawiam w książce *The 5 Love Languages of Teenagers* [Pięć języków miłości u nastolatków].

6. Co zrobić, jeśli ojczysty język miłości twojej żony jest dla ciebie zbyt trudny?

„Wychowywałem się w domu, w którym dotyk nie był czymś naturalnym, a teraz odkryłem, że właśnie on jest językiem miłości mojej żony. Mam duże trudności z zainicjowaniem dotyku".

Dobra wiadomość jest taka, że wszystkich pięciu języków miłości można się nauczyć. To prawda, że większość z nas, dorastając, mówiła tylko jednym językiem miłości lub dwoma. Te są dla nas naturalne, a posługiwanie się nimi nie sprawia nam trudności. Innych należy się nauczyć. Tak jak w przypadku uczenia się innych rzeczy najlepsze efekty przynosi metoda małych kroczków.

Jeśli językiem miłości twojej żony jest dotyk, a dla ciebie to jest problematyczne, zacznij od małych rzeczy – połóż rękę na jej ramieniu, gdy nalewasz kawę do filiżanki, albo poklep ją po ramieniu, kiedy ją mijasz. Tego typu drobiazgi zapoczątkują przełamywanie barier. Każdy kolejny dotyk będzie przychodził ci łatwiej. W końcu możesz nauczyć się biegle posługiwać językiem dotyku.

Tak samo jest z każdym innym językiem miłości. Jeśli nie wychodzi ci dobrze stosowanie wyrażeń afirmatywnych, a odkryjesz, że to właśnie jest język miłości twojej żony, jak sugerowałem w tej książce, możesz spisać listę wyrażeń, które usłyszysz u innych osób bądź znajdziesz w czasopismach czy książkach. Stań przed lustrem i zacznij czytać te wyrażenia tak długo, aż nie będziesz już odczuwał dyskomfortu, wypowiadając je na głos. Następnie wybierz jedno takie wyrażenie i powiedz je swojej żonie. Z każdym razem mówienie takich komunikatów będzie dla ciebie coraz łatwiejsze. Dzięki tym słowom nie tylko żona poczuje się lepiej - twoje samopoczucie również się poprawi, ponieważ poczujesz, że efektywnie wyrażasz swoją miłość.

7. Czy któryś z języków miłości częściej spotyka się wśród kobiet, a inny – wśród mężczyzn?

Nigdy nie sprawdzałem, czy zachodzi jakaś korelacja między płcią a językiem miłości. Rzeczywiście może się okazać, że u mężczyzn językami miłości częściej są dotyk czy wyrażenia afirmatywne, a u kobiet - dobry czas i podarunki. Nie wiem jednak, czy tak jest w istocie. Wolę zakładać, że języki miłości nie mają związku z płcią. Wiem, że każdy z nich może być ojczystym językiem zarówno mężczyzny, jak i kobiety. W małżeństwie istotne jest to, by odkryć ojczysty i drugi język swojego małżonka i regularnie się nim posługiwać. Wtedy buduje się zdrowy klimat emocjonalny sprzyjający rozwojowi małżeństwa.

8. Jak odkryłeś pięć języków miłości?

Przez wiele lat w moim gabinecie pomagałem różnym parom odkrywać, czego potrzebują, by czuć, że są kochani. Wreszcie w ich odpowiedziach na to pytanie zacząłem dostrzegać pewien wzór. Odkryłem, że to, co sprawia, iż jedna osoba czuje się kochana, niekoniecznie musi zadziałać u kogoś innego. Dlatego postanowiłem przeczytać notatki, które sporządziłem w ciągu dwunastu lat prowadzenia spotkań terapeutycznych, i zadałem sobie pytanie: „Gdy ktoś przychodził do mojego gabinetu i mówił, że nie czuje się kochany przez swoją żonę czy męża - czego tak naprawdę chciał?". Odpowiedzi ułożyły się w pięć kategorii, które później nazwałem pięcioma językami miłości.

Wtedy zacząłem omawiać te języki na warsztatach i w czasie spotkań grupowych. Za każdym razem, gdy przedstawiałem koncepcję języków miłości, różnym parom „zapalało się światełko" i zaczynały sobie zdawać sprawę, dlaczego między partnerami dochodzi do emocjonalnych rozłamów. Gdy ludzie odkrywali swoje języki miłości i zaczynali o nich rozmawiać, radykalnie zmieniał się emocjonalny klimat w ich małżeństwie.

Dlatego postanowiłem napisać książkę prezentującą tę koncepcję. Chciałem pomóc tysiącom par, z którymi nie mam okazji spotkać się osobiście. Teraz, gdy moja książka sprzedała się w ponad dziewięciu milionach egzemplarzy w języku angielskim i została przełożona na pięćdziesiąt języków na całym świecie, moje wysiłki zostały uwieńczone sukcesem.

9. Czy języki miłości funkcjonują tak samo w innych kulturach?

Ponieważ z wykształcenia jestem antropologiem, również zadawałem sobie to pytanie, gdy mój hiszpański wydawca poprosił mnie o zgodę na przetłumaczenie i wydanie książki w języku hiszpańskim. Najpierw powiedziałem: „Nie wiem, czy sytuacja wygląda tak samo w kulturze hiszpańskiej, ja odkryłem istnienie tej reguły w kulturze anglosaskiej". Wydawca odparł: „Czytaliśmy tę książkę i w kulturze hiszpańskiej zachodzą takie same uwarunkowania". Następnie pojawiło się wydanie francuskie, niemieckie, holenderskie i tak dalej. W niemal każdym kręgu kulturowym moje opracowanie stawało się bestsellerem.

To skłania mnie do wniosku, że pięć podstawowych sposobów wyrażania miłości to zasady uniwersalne.

W poszczególnych kulturach w ramach każdego z języków miłości istnieją różne dialekty. Na przykład określony rodzaj dotyku, który w jednej kulturze jest dozwolony, w innej będzie czymś niestosownym. Rodzaje drobnych przysług, które funkcjonują w jednym kręgu kulturowym, mogą być nieobecne w innym. Kiedy jednak dokona się adaptacji kulturowej, koncepcja pięciu języków miłości będzie miała znaczący wpływ na małżeństwa w danej kulturze.

10. Dlaczego twoim zdaniem *Pięć języków miłości* odniosło taki sukces?

Wierzę, że podstawową potrzebą emocjonalną jest pragnienie bycia kochanym. Gdy jesteśmy w związku małżeńskim, osobą, której miłości pragniemy najbardziej, jest nasz współmałżonek. Jeśli czujemy jego miłość, cały świat wydaje się pogodny i wspaniały. Jeśli natomiast czujemy się odrzuceni i ignorowani, świat zaczyna jawić się nam w ciemnych barwach.

Większość par bierze ślub, gdy jeszcze obie osoby są w euforycznym stanie zakochania. Kiedy ten stan jakiś czas po ślubie przemija i zaczynają być widoczne różnice między partnerami, często dochodzi do konfliktów. Jeśli nie ma pozytywnego planu ich rozwiązania, niejednokrotnie padają ostre słowa wywołujące poczucie krzywdy i zawodu oraz złość. Wówczas nie tylko małżeństwo odczuwa brak miłości, ale też współmałżonkowie zaczynają sobą pogardzać.

Gdy pary małżeńskie czytają *Pięć języków miłości*, odkrywają, dlaczego romantyczne uczucia z okresu narzeczeństwa zaczęły się ulatniać i jak mogą ponownie rozpalić miłość w swym związku. Kiedy współmałżonkowie zaczynają mówić swoimi ojczystymi językami miłości, są zaskoczeni tym, jak szybko ich emocje nabierają pozytywnego wydźwięku. Dzięki napełnionym zbiornikom na miłość mogą pracować nad swoimi konfliktami w sposób znacznie bardziej twórczy i znajdować ich funkcjonalne rozwiązania.

Odrodzenie miłości buduje dobry klimat emocjonalny w małżeństwie, dzięki czemu partnerzy uczą się funkcjonować jako zespół – ośmielają się wzajemnie, wspierają i pomagają sobie w dążeniu do wyznaczonych celów. Kiedy atmosfera w małżeństwie zmienia się w taki sposób, współmałżonkowie chcą opowiedzieć o pięciu językach miłości wszystkim swoim znajomym. Wierzę, że do sukcesu *Pięciu języków miłości* przyczyniają się te pary, które przeczytały książkę, nauczyły się mówić swoimi ojczystymi językami miłości i zarekomendowały opracowanie swoim bliskim.

11. Co zrobić, jeśli mówię językiem miłości mojej żony, a ona nie reaguje?

„Moja żona nie chciała przeczytać tej książki, więc postanowiłem zacząć posługiwać się jej językiem miłości i przekonać się, czym to zaowocuje. Nie wydarzyło się nic. Nawet nie zauważyła, że robię coś inaczej niż dotychczas. Jak długo mam mówić jej językiem miłości, jeśli cały czas nie ma z jej strony żadnej reakcji?".

Zdaję sobie sprawę, że nie napawa optymizmem poczucie, że dużo inwestujesz w swoje małżeństwo i nic z tego nie masz. Istnieją dwa możliwe wyjaśnienia tego, że żona nie reaguje na twoje próby. Pierwsze - bardziej prawdopodobne - jest takie, że posługujesz się niewłaściwym językiem miłości.

Mężowie często zakładają, iż ojczystym językiem miłości ich żon są drobne przysługi, i zaczynają się zajmować różnymi rzeczami w domu. Oznaczają bardzo szybko określone prace domowe jako załatwione. W ten sposób naprawdę starają się mówić językiem miłości swoich żon, a gdy one nie dostrzegają ich wysiłków, czują się zniechęceni. Tymczasem w rzeczywistości językiem miłości żony mogą być wyrażenia afirmatywne. Ponieważ mąż nie odczuwa miłości żony, może zacząć ją krytykować. Jego potępienie jest jak sztylet wbity w jej serce, więc żona oddala się od męża. Cierpi w milczeniu, a on jest sfrustrowany tym, że jego wysiłki mające na celu poprawę małżeństwa nie przynoszą rezultatu. Problem nie polega na jego braku szczerości, ale na używaniu nieodpowiedniego języka miłości.

Z drugiej strony - nawet jeśli rzeczywiście posługujesz się ojczystym językiem miłości swojej żony, może istnieć inna przyczyna braku jej pozytywnej reakcji. Jeśli dana osoba weszła już w inny związek (natury emocjonalnej lub seksualnej), może uznać, iż podjąłeś swoje starania zbyt późno. Może nawet uważać, że twoje wysiłki są tylko tymczasowe, nieszczere i że jedynie próbujesz nią manipulować, by nie zerwała związku małżeńskiego. Nawet jeśli twoja żona nie jest zaangażowana w inny związek, a w waszym małżeństwie od dawna panuje zła atmosfera, podejmowane przez ciebie próby mogą zostać uznane za manipulację. W takiej sytuacji pojawia się pokusa, by odpuścić, przestać używać ojczystego języka miłości drugiej osoby, skoro nie przynosi to żadnego efektu. Najgorsze, co można zrobić, to ulec tej pokusie. Jeśli sobie odpuścisz, potwierdzi się założenie twojej żony, że próbujesz nią manipulować.

Najlepsze, co można zrobić, to wciąż regularnie mówić tym językiem miłości niezależnie od tego, jak ta druga osoba cię traktuje. Przyjmij perspektywę sześciu, dziewięciu lub dwunastu miesięcy. Twoja postawa powinna być następująca: „Bez względu na jej reakcję będę kochał ją w jej języku miłości. Jeśli ode mnie odejdzie, odejdzie od kogoś, kto kocha ją miłością bezwarunkową". Takie założenie pozwoli ci na zachowanie optymizmu, nawet jeśli okoliczności będą zniechęcające.

Nie ma nic ważniejszego niż miłość do współmałżonka, nawet jeśli ten nie reaguje na ciebie pozytywnie. Niezależnie od ostatecznej reakcji twojej żony, ty będziesz miał satysfakcję z tego, że zrobiłeś wszystko, co możliwe, by odbudować wasze małżeństwo. Jeśli żona postanowi odwzajemnić twoje uczucie, sam wykażesz, jaka jest siła bezwarunkowego uczucia, i zbierzesz plony odrodzenia wzajemnej miłości.

12. Czy miłość może się odrodzić po zdradzie małżeńskiej?

Nic tak nie niszczy małżeńskiej intymności jak seksualna niewierność. Zbliżenie seksualne buduje więzi, łączy dwoje ludzi w najgłębszym sensie. Niemal dla wszystkich kultur charakterystyczne są publiczna ceremonia małżeńska i prywatne konsumowanie związku. Seks ma być wyjątkowym wyrazem wzajemnych zobowiązań na całe życie. Gdy te zobowiązania zostają złamane, efekt jest niszczący dla małżeństwa. Nie oznacza to jednak, że małżeństwo bezsprzecznie czeka rozwód. Jeśli niewierna strona jest gotowa zerwać swój pozamałżeński związek i podjąć się ciężkiej pracy nad odbudowaniem więzi małżeńskich, może nastąpić prawdziwa odnowa.

W mojej pracy spotkałem wiele par, które doświadczyły uzdrowienia po akcie niewierności jednego ze współmałżonków. W takich wypadkach potrzebne jest nie tylko zerwanie związku pozamałżeńskiego, ale też odkrycie, co doprowadziło do takiej sytuacji. Sukces jest w tym wypadku uwarunkowany dwoma czynnikami. Po pierwsze, osoba niewierna musi być gotowa na rewizję swojej osobowości, przekonań i stylu życia, które doprowadziły do romansu. Musi się wykazać gotowością do zmiany swojej postawy i wzorców zachowania. Po drugie, para musi szczerze spojrzeć na dynamikę swojego związku, spróbować pozbyć się destrukcyjnych wzorców i zastąpić je pozytywnymi wzorcami prawości i szczerości. Spełnienie obu warunków zazwyczaj wymaga pomocy ze strony profesjonalnego terapeuty.

Badania naukowe wykazują, że największe szanse na przetrwanie związku po zdradzie jednego ze współmałżonków mają te pary, które podejmują zarówno terapię małżeńską, jak i indywidualną. Zrozumienie pięciu języków miłości i postanowienie, że będzie się używać odpowiednich języków, może pomóc w budowaniu klimatu emocjonalnego, w którym ciężka praca nad poprawą małżeństwa ma szansę być uwieńczona sukcesem.

13. Co zrobić, gdy żona nie chce mówić twoim językiem miłości, nawet jeśli go zna?

„Oboje przeczytaliśmy *Pięć języków miłości*, zrobiliśmy test i porozmawialiśmy o naszych ojczystych językach miłości. To było dwa miesiące temu. Żona wie, że moim językiem miłości są wyrażenia afirmatywne. Jednak w ciągu tych dwóch miesięcy nie usłyszałem jeszcze od niej nic pozytywnego. Jej język miłości to drobne przysługi. Zacząłem robić w domu różne rzeczy, o które mnie prosiła.

Wydaje mi się, że docenia to, co robię, ale nigdy tego nie werbalizuje".

Muszę zacząć od tego, że nie można zmusić współmałżonka, by mówił twoim językiem miłości. Miłość to kwestia wyboru. Możemy o nią prosić, ale nie możemy jej od nikogo żądać. Pamiętając o tym, chciałbym zasugerować kilka przyczyn, dla których żona nie posługuje się twoim językiem miłości.

Mogła na przykład dorastać w domu, w którym sama nie słyszała pochwał. Może jej rodzice byli w stosunku do niej bardzo krytyczni. Nie miała dobrego wzorca w posługiwaniu się wyrażeniami afirmatywnymi, dlatego chwalenie może być dla niej czymś trudnym. Nauka języka, który jest jej całkowicie obcy, wymaga od niej wysiłku, a od ciebie cierpliwości.

Inną przyczyną może być obawa, że jeśli pochwali cię za kilka zmian, których dokonałeś, spoczniesz na laurach i już niczego nie będziesz chciał zmieniać. Jest to odmiana poglądu, że jeśli nagradza się przeciętność, ogranicza się aspiracje, by być jeszcze lepszym. To szeroko rozpowszechniony mit, który powstrzymuje rodziców przed chwaleniem dzieci. Teoria ta oczywiście nie jest prawdziwa. Jeśli ojczystym językiem miłości danej osoby są wyrażenia afirmatywne, pochwały dają jej impuls do dążenia ku dalszym osiągnięciom.

Sugerowałbym grę w zbiorniki na miłość, którą omawiam w rozdziale siódmym. Ty prosisz: „Oceń w skali od zera do dziesięciu, na ile napełniony jest twój zbiornik na miłość". Jeśli usłyszysz „mniej niż dziesięć", pytasz: „Co mogę zrobić, by pomóc ci w napełnieniu go?". To, co zasugeruje ci żona, robisz, jak tylko potrafisz najlepiej. Jeśli będziesz tak robił co tydzień przez cały miesiąc, istnieje duże prawdopodobieństwo, że po tym czasie to ona zapyta o stan twojego zbiornika na miłość. Wtedy ty możesz zacząć ją o coś prosić. To dobry sposób, by nauczyć ją, jak mówić w twoim języku miłości.

14. Czy miłość może wrócić, jeśli nie było jej przez trzydzieści lat?

„Nie jesteśmy wrogami. Nie kłócimy się. Po prostu żyjemy w tym samym domu - jak współlokatorzy".

Odpowiem na to pytanie, przytaczając pewną prawdziwą historię. W czasie jednego z prowadzonych przeze mnie seminariów podeszła do mnie para. Mąż powiedział:

- Przyszliśmy podziękować panu za wniesienie nowego życia w nasze małżeństwo. Pobraliśmy się trzydzieści lat temu, ale ostatnie dwadzieścia lat to okres zupełnej pustki. Jeśli chce pan wiedzieć, jak źle było w naszym związku, powiem panu, że od dwudziestu lat nie byliśmy razem na wakacjach. Po prostu żyjemy w tym samym domu, staramy się zachowywać uprzejmie – i to wszystko. Rok temu opowiedziałem o tym problemie mojemu przyjacielowi. On oddalił się w głąb domu, wrócił do mnie z pana książką *Pięć języków miłości* i powiedział: „Przeczytaj, to ci pomoże". Nie miałem najmniejszej ochoty na czytanie kolejnego poradnika, ale jednak to zrobiłem. Wróciłem do domu i przeczytałem go w całości; skończyłem około trzeciej nad ranem. Z każdym rozdziałem coraz bardziej rozjaśniało mi się w głowie. Zdałem sobie sprawę, że przez te wszystkie lata zapomnieliśmy, jak mówić do siebie przy użyciu naszych języków miłości. Dałem książkę mojej żonie, poprosiłem, aby ją przeczytała i powiedziała, co o niej myśli. Dwa tygodnie później powiedziała, że przeczytała książkę. Zapytałem, co o tym sądzi. „Chyba byłoby lepiej, gdybyśmy przeczytali tę książkę trzydzieści lat temu. Nasze małżeństwo wyglądałoby zupełnie inaczej" – powiedziała. Odrzekłem, że pomyślałem o tym samym, i zapytałem, czy chciałaby spróbować coś zmienić w naszym życiu. Stwierdziła, że nie mamy nic do stracenia. Porozmawialiśmy o naszych ojczystych językach miłości i uzgodniliśmy, że przynajmniej raz w tygodniu każde z nas spróbuje się posługiwać językiem miłości drugiej osoby i zobaczymy, co z tego wyniknie. Gdyby ktoś powiedział mi, że po dwóch miesiącach znów zacznę żywić do niej miłość, nie uwierzyłbym. Jednak tak właśnie się stało.

Jego żona wtrąciła:

- Gdyby ktoś mi powiedział, że znowu zacznę kochać męża, odpowiedziałabym, że to niemożliwe, że zbyt wiele się wydarzyło. W tym roku po raz pierwszy od dwudziestu lat pojechaliśmy razem na wakacje i bawiłam się doskonale. Przejechaliśmy ponad sześćset kilometrów, by dotrzeć na pana seminarium, i czuliśmy się dobrze we własnym towarzystwie. Szkoda mi tylko, że tak wiele lat zmarnowaliśmy, tylko mieszkając ze sobą, podczas gdy moglibyśmy pielęgnować naszą miłość. Dziękuję panu za książkę.

- Dziękuję za waszą historię - odpowiedziałem. - Ta opowieść jest bardzo zachęcająca. Mam nadzieję, iż następne dwadzieścia lat będzie dla was tak ekscytujące, że ostatnie dwudziestolecie stanie się tylko bladym wspomnieniem.

- To właśnie jest naszym celem - odrzekli oboje.

Czy miłość małżeńska może się odrodzić po trzydziestu latach? Tak, może, jeśli oboje zechcenie spróbować mówić ojczystym językiem miłości drugiej osoby.

15. Jestem singlem. W jaki sposób koncepcja języków miłości odnosi się do mnie?

Przez lata wiele samotnych osób dorosłych mówiło mi: „Wiem, że pana książka dotyczy małżeństw, ale przeczytałem ją i bardzo pomogła mi we wszystkich moich relacjach z innymi. Dlaczego nie napisze pan książki o pięciu językach miłości dla osób samotnych?". Zatem napisałem. Książka nosi tytuł *The Five Love Languages: Singles Edition* [Pięć języków miłości dla singli]. Staram się w niej pomóc dorosłym osobom samotnym zastosować koncepcję języków miłości we wszystkich ich relacjach z innymi ludźmi. Na początku próbuję im pomóc zrozumieć, dlaczego w dzieciństwie czuli lub nie czuli się kochani.

Pewien młody człowiek odbywający karę pozbawienia wolności powiedział mi kiedyś:

– Dziękuję za podzielenie się ze mną ideą pięciu języków miłości. Wreszcie zrozumiałem, że moja matka mnie kocha. Zdałem sobie sprawę, że moim językiem miłości jest dotyk, tymczasem matka nigdy mnie nie przytulała. Tak naprawdę pierwszy uścisk mojej matki, jaki pamiętam, miał miejsce tego dnia, gdy szedłem do więzienia. Zdałem sobie sprawę, że ona mówiła do mnie językiem drobnych przysług. Pracowała ciężko, by zapewnić nam jedzenie i ubranie, byśmy mieli gdzie mieszkać. Teraz wiem, że mnie kochała. Po prostu nie posługiwała się moim językiem. Już rozumiem, że naprawdę mnie kochała.

Pomagam też osobom, które nie są w związku, zastosować koncepcję języków miłości w ich stosunkach z rodzeństwem, w relacjach zawodowych, w czasie randek. Takie osoby bardzo mnie do tego zachęciły. Mam nadzieję, że jeśli jesteś singlem, uda ci się odkryć to, co odkryli już inni. Wyrażanie miłości w ojczystym języku miłości prowadzi do poprawy relacji z innymi ludźmi na wszystkich polach.

16. Jak mam posługiwać się językiem miłości mojego małżonka, jeśli jest z dala ode mnie (odbywa służbę, jest w pracy, w szkole)?

Często słyszę pytania o możliwość zastosowania koncepcji pięciu języków miłości w związkach funkcjonujących na odległość. Dotyk i dobry czas w takich okolicznościach są szczególnie trudne do stosowania, lecz odpowiedź jest prosta: musisz być kreatywny i chcieć, by związek trwał mimo dzielącej was odległości.

Jeśli twoim językiem miłości jest dotyk, możesz wykorzystać poniższe pomysły na posługiwanie się nim. Po pierwsze, wasze wspólne zdjęcia mogą przypomnieć ci szczęśliwe chwile spędzone razem. O twojej drugiej połówce i o waszym szczęściu mogą też przypominać przedmioty do niej należące – koszula, woda kolońska czy perfumy. Powinniście też wysyłać sobie SMS-y, maile, listy o tym, jak bardzo lubicie być razem. Możesz też zacząć prowadzić kalendarz, w którym będziesz odznaczać dni do ponownego spotkania. Nie jest to lista wszystkich pomysłów, ale takie pomysły przynajmniej częściowo zaspokoją twoją potrzebę dotyku.

Czas spędzany na utrzymywaniu kontaktu, dodawanie sobie wzajemnie odwagi, wysyłanie liścików i prezentów – to wszystko jest dobry czas. Rzecz jasna, nie jest to taka jego forma, jakiej pragniecie, ale jednak jest to dobry czas. Musisz nauczyć się tak na to patrzeć i doceniać takie możliwości. Innym sposobem korzystania z języka dobrego czasu są częste rozmowy o tym, jak bardzo chcecie być blisko i podtrzymywać waszą miłość. Przeczytajcie jednocześnie *Pięć języków miłości* (lub *The 5 Love Languages: Military Edition* – wersję dla żołnierzy), gdy nie jesteście razem, albo słuchajcie podcastów doktora Chapmana i rozmawiajcie o nich, podtrzymując w ten sposób wasz związek. To także wymaga zaangażowania, ale jeśli naprawdę się kochacie, znajdziecie energię i czas, by utrzymać kontakt. Wykorzystajcie tę sytuację jako możliwość doskonalenia się także w innych językach miłości. Liściki i prezenty nie są jedynie liścikami i prezentami – należy o nich myśleć jak o czymś fizycznym, a jednocześnie jak o wyrażeniach afirmatywnych, które stanowią wyrazy miłości.

Podsumowując: tak, odległość źle wpływa na związek, ale nie musi oznaczać jego końca. Rzecz jasna, im więcej czasu spędzacie razem, tym lepiej. I należy o to zabiegać. Jeśli jednak jesteście parą mocno zaangażowaną i będziecie kreatywni w komunikowaniu się w swoich językach miłości, wasz związek może trwać, a nawet rozwijać się, mimo że nie jesteście razem.

5 języków miłości

Profilowanie dla par: dla niego

Profilowanie *Pięciu języków miłości* to dogłębna analiza preferencji komunikacji emocjonalnej u ciebie i twojej żony lub partnerki. Analiza ta wskaże twój ojczysty język miłości, wyjaśni, jakie są jego cechy i jak możesz go wykorzystać do stworzenia między tobą a drugą osobą poczucia bliskości i spełnienia. Poniżej znajdują się dwa testy, by każde z was mogło dokonać oceny.

Poniżej znajdziesz trzydzieści par stwierdzeń. Wybierz stwierdzenie, które najlepiej opisuje to, co ma dla ciebie największe znaczenie w waszym związku. Oba stwierdzenia mogą, ale nie muszą do ciebie pasować - wybierz to, które lepiej charakteryzuje waszą relację. Na wypełnienie testu poświęć 10–15 minut. Przeprowadź go, gdy jesteś zrelaksowany. Następnie podsumuj swój wynik i na stronie 242 sprawdź, jak go zinterpretować.

WIĘKSZE ZNACZENIE MA DLA MNIE, GDY...

1. bez żadnego powodu dostanę od niej liścik/ wiadomość/maila pełnego miłości________A
   przytulamy się________E
2. mogę spędzić z nią trochę czasu sam na sam________B
   ona wykona jakąś czynność, by mi pomóc________D
3. ona da mi jakiś mały prezent świadczący o naszej miłości________C
   mogę spędzić z nią trochę wolnego czasu i nic nie będzie nam przeszkadzać________B
4. ona nieoczekiwanie zrobi coś dla mnie – zatankuje samochód albo zrobi pranie________D
   gdy się dotykamy________E
5. ona obejmie mnie, gdy jesteśmy w miejscu publicznym________E
   ona zaskoczy mnie jakimś prezentem________C
6. jesteśmy razem, nawet jeśli tak naprawdę nic nie robimy________B
   trzymamy się za ręce________E
7. dostanę od niej jakiś prezent________C
   powie mi, że mnie kocha________A
8. siedzimy blisko siebie________E
   usłyszę od niej komplement bez żadnego powodu________A

9. możemy po prostu posiedzieć razem______________ B
nieoczekiwanie dostanę od niej mały prezent______ C
10. powie mi, że jest ze mnie dumna______________ A
pomaga mi w mojej pracy____________________ D
11. mogę coś z nią robić_____________________ B
słyszę od niej słowa wsparcia_________________ A
12. zrobi dla mnie coś, zamiast tylko
mówić o miłych rzeczach____________________ D
czuję związek z nią, bo się przytulamy__________ E
13. słyszę, jak mnie chwali____________________ A
daje mi coś, co pokazuje,
że naprawdę o mnie myślała_________________ C
14. mogę po prostu z nią być___________________ B
zrobi mi masaż___________________________ E
15. pozytywnie zareaguje na coś, co zrobiłem_______ A
zrobi dla mnie coś, co nie sprawia jej satysfakcji___ D
16. często się całujemy______________________ E
ona wykazuje zainteresowanie czymś,
co jest dla mnie ważne_____________________ B
17. ona pracuje ze mną nad czymś,
co muszę skończyć________________________ D
daje mi jakiś interesujący prezent_____________ C
18. komplementuje mój wygląd__________________ A
poświęca swój czas, by mnie wysłuchać
i naprawdę zrozumieć, co czuję_______________ B

19. dotykamy się w nieseksualny sposób
w miejscu publicznym________________________E
ona zaoferuje swoją pomoc w sprawunkach________D

20. ona zrobi coś więcej, niż wynika
z podziału obowiązków między nami
(w domu, w pracy i tak dalej)____________________D
dostanę od niej prezent, który wybrała z rozwagą__C

21. ona nie patrzy na telefon, gdy rozmawiamy________B
ona poświęci swój czas, by zrobić coś,
co daje mi nieco swobody______________________D

22. wyczekuję świąt ze względu na prezent,
którego się spodziewam________________________C
słyszę od niej, że mnie ceni_____________________A

23. przywiezie mi mały prezent z podróży,
którą odbyła beze mnie________________________C
zajmuje się czymś, za co odpowiadam,
gdy mam zbyt wiele na głowie, by się tym zająć____D

24. ona nie przerywa mi, gdy mówię_________________B
podarunki są ważnym elementem
w naszym związku____________________________C

25. ona pomaga mi, gdy wie, że jestem zmęczony______D
możemy gdzieś pójść, kiedy spędzamy czas razem__B

26. dochodzi między nami do sytuacji intymnych______E
ona da mi jakiś mały prezent,
który kupiła w zwykły dzień_____________________C

27. ona mówi coś, co dodaje mi otuchy______________A
razem z nią mogę spędzić czas aktywnie
lub realizując wspólne hobby______________B
28. ona zaskoczy mnie jakimś dowodem swej miłości____C
dotykamy się często w zwykły dzień______________E
29. ona mi pomaga, mimo że sama jest zajęta__________D
mówi, że mnie ceni______________A
30. uściskamy się po jakimś czasie rozłąki______________E
mówi, że wiele dla niej znaczę______________A

Profilowanie dla par: dla niej

Aoto drugi test. Jak już wspomnieliśmy, jest to dogłębna analiza twoich preferencji komunikacji emocjonalnej, która wskaże twój ojczysty język miłości, wyjaśni, jakie są jego cechy i jak możesz go wykorzystać do stworzenia między tobą a drugą osobą poczucia bliskości i spełnienia. W książce znajdują się dwa testy, by każde z was mogło dokonać oceny.

Poniżej znajdziesz trzydzieści par stwierdzeń. Wybierz stwierdzenie, które najlepiej opisuje to, co ma dla ciebie największe znaczenie w waszym związku. Oba stwierdzenia mogą, ale nie muszą do ciebie pasować – wybierz to, które lepiej charakteryzuje waszą relację. Na wypełnienie testu poświęć 10–15 minut. Przeprowadź go, gdy jesteś zrelaksowana. Następnie podsumuj swój wynik i na stronie 242 sprawdź, jak go zinterpretować.

WIĘKSZE ZNACZENIE MA DLA MNIE, GDY...

1. dostanę od niego bez żadnego powodu liścik/ wiadomość/maila pełnego miłości_____A
   przytulamy się_____E
2. mogę spędzić z nim trochę czasu sam na sam_____B
   on wykona jakąś czynność, by mi pomóc_____D
3. on da mi jakiś mały prezent świadczący o naszej miłości_____C
   mogę spędzić z nim trochę wolnego czasu i nic nie będzie nam przeszkadzać_____B
4. on nieoczekiwanie zrobi coś dla mnie – zatankuje samochód albo zrobi pranie_____D
   gdy się dotykamy_____E
5. on obejmie mnie, gdy jesteśmy w miejscu publicznym_____E
   on zaskoczy mnie jakimś prezentem_____C
6. jesteśmy razem, nawet jeśli tak naprawdę nic nie robimy_____B
   trzymamy się za ręce_____E
7. dostanę od niego jakiś prezent_____C
   powie mi, że mnie kocha_____A
8. siedzimy blisko siebie_____E
   usłyszę od niego komplement bez żadnego powodu_____A

9. możemy po prostu posiedzieć razem______________ B
nieoczekiwanie dostanę od niego mały prezent____ C
10. powie mi, że jest ze mnie dumny______________ A
pomaga mi w mojej pracy______________ D
11. mogę coś z nim robić______________ B
słyszę od niego słowa wsparcia______________ A
12. zrobi dla mnie coś, zamiast tylko
mówić o miłych rzeczach______________ D
czuję związek z nim, bo się przytulamy__________ E
13. słyszę, jak mnie chwali______________ A
daje mi coś, co pokazuje,
że naprawdę o mnie myślał______________ C
14. mogę po prostu z nim być______________ B
zrobi mi masaż______________ E
15. pozytywnie zareaguje na coś, co zrobiłam________ A
zrobi dla mnie coś, co nie sprawia mu satysfakcji___ D
16. często się całujemy______________ E
on wykazuje zainteresowanie czymś,
co jest dla mnie ważne______________ B
17. on pracuje ze mną nad czymś,
co muszę skończyć______________ D
daje mi jakiś interesujący prezent______________ C
18. komplementuje mój wygląd______________ A
poświęca swój czas, by mnie wysłuchać
i naprawdę zrozumieć, co czuję______________ B

19. dotykamy się w nieseksualny sposób
w miejscu publicznym________________E
on zaoferuje swoją pomoc w sprawunkach________D
20. on zrobi coś więcej, niż wynika
z podziału obowiązków między nami
(w domu, w pracy i tak dalej)________________D
dostanę od niego prezent, który wybrał z rozwagą__C
21. on nie patrzy na telefon, gdy rozmawiamy________B
on poświęci swój czas, by zrobić coś,
co daje mi nieco swobody________________D
22. wyczekuję świąt ze względu na prezent,
którego się spodziewam________________C
słyszę od niego, że mnie ceni________________A
23. przywiezie mi mały prezent z podróży,
którą odbył beze mnie________________C
zajmuje się czymś, za co jestem odpowiedzialna,
gdy mam zbyt wiele na głowie, by się tym zająć____D
24. on nie przerywa mi, gdy mówię________________B
podarunki są ważnym elementem
w naszym związku________________C
25. on pomaga mi, gdy wie, że jestem zmęczona________D
możemy gdzieś pójść, kiedy spędzamy czas razem__B
26. dochodzi między nami do sytuacji intymnych______E
on da mi jakiś mały prezent,
który kupił w zwykły dzień________________C

27. on mówi coś, co dodaje mi otuchy ________ A
razem z nim mogę spędzić czas aktywnie
lub realizując wspólne hobby ________ B
28. on zaskoczy mnie jakimś dowodem swojej miłości ________ C
dotykamy się często w zwykły dzień ________ E
29. on mi pomaga, mimo że sam jest zajęty ________ D
mówi, że mnie ceni ________ A
30. uściskamy się po jakimś czasie rozłąki ________ E
mówi, że wiele dla niego znaczę ________ A

Policz litery, które zakreśliłeś/zakreśliłaś, i zapisz poniżej liczbę odpowiedzi:

A: ________
B: ________
C: ________
D: ________
E: ________

A = wyrażenia afirmatywne
B = dobry czas
C = podarunki
D = drobne przysługi
E = dotyk

Interpretowanie wyniku

Najwyższy wynik wskazuje twój ojczysty język miłości (najwyższy możliwy wynik to 12 odpowiedzi). Często zdarza się, że dwa języki osiągną wysoką wartość, choć w większości wypadków jeden język ma pewną przewagę. Oznacza to, że dwa języki są dla ciebie ważne.

Najniższy wynik wskazuje te języki, których rzadko używasz, komunikując miłość, i które prawdopodobnie nie dają ci wiele na poziomie emocjonalnym.

Pamiętaj!

Może niektóre języki miłości okazały się ważniejsze, ale nie lekceważ pozostałych języków. Twój partner może właśnie w nich wyrażać swoją miłość i ważne jest, by to szanować.

I odwrotnie – twój małżonek lub partner skorzysta na znajomości twojego ojczystego języka miłości, dzięki której będzie w stanie lepiej wyrażać swoje uczucia w sposób, który ty interpretujesz jako miłość. Za każdym razem, gdy posługujecie się swoimi językami miłości, zdobywacie dla siebie emocjonalne punkty. Rzecz jasna, w tej grze nie zapisuje się wyników! Nagrodą za posługiwanie się waszymi językami miłości będzie głębokie poczucie więzi między wami. A to przełoży się na lepszą komunikację, lepsze zrozumienie, a ostatecznie - mocniejszą miłość.

Jeśli twój małżonek lub partner jeszcze tego nie zrobił, zachęć go lub ją do wypełnienia testu pięciu języków miłości w tej książce, na stronie internetowej (5lovelanguages.com/profile) albo w aplikacji *5 języków miłości* (dostępnej na iOS i Android). Porozmawiajcie o waszych językach miłości i wykorzystajcie tę wiedzę do poprawy waszego związku!

Podziękowania

Jestem niewymownie wdzięczny wszystkim mężczyznom, którzy przez lata otwierali przede mną swoje serca. Niektórzy z nich siadali w moim gabinecie, innych spotkałem, gdy prowadziłem seminaria dla małżeństw w całych Stanach Zjednoczonych. To porządni ludzie, którzy chcieliby żyć w szczęśliwym małżeństwie, ale przyznają, że nie wiedzą, jak do tego dążyć. Zaszczytem było dla mnie towarzyszenie im w podróży ku rozwojowi małżeństwa.

Bardzo dziękuję za pomoc w przygotowaniu tej poprawionej edycji Randy'emu Southernowi i Chrisowi Hudsonowi. Jak zwykle chciałbym też wyrazić swą głęboką wdzięczność wobec zespołu redakcyjnego z Northfield Publishing: Johnowi Hinkleyowi, Betsey Newenhuyse i Zackowi Williamsonowi.

Spis treści

Wydawnictwo Esprit poleca również:

W tej serii w 2016 roku ukażą się
książki Gary'ego Chapmana:

Małżeństwo, którego zawsze chciałeś
oraz
5 języków miłości dla singli